CONTENTS

Page No.

DEDICATION

To my beloved parents:
*   Florencio Herrera and*
*   Carmen Emilia Púa de Herrera*

For teaching me to be a fighter and to love.

To Orfelina María

For her affection and unconditional support during our long marital life.

To my four children (George, Juan Carlos, José Luis and Jennifer); and to my six grandchildren (Jayson, Dylan, Ashley, Kimberly, Kenneth and Travis).

For they give me the inspiration to continue feeling young.

DEDICATORIA

A mis queridos padres:
>   Florencio Herrera y
>   Carmen Emilia Púa de Herrera

Por enseñarme a luchar y a querer.

A Orfelina María

Por su cariño y apoyo incondicional durante nuestra larga vida matrimonial.

A mis cuatro hijos (George, Juan Carlos, José Luis y Jennifer); y a mis seis nietos (Jayson, Dylan, Ashley, Kimberly, Kenneth y Travis).

Por la inspiración que me dan para seguir sintiéndome joven.

PREFACE

This bilingual glossary of accounting terms has the purpose of helping Accounting students, both in English and Spanish, to better understand the definitions of the words and expressions used in the profession. It covers mainly accounting principles, some concepts taught in intermediate and advanced accounting, as well as in cost accounting and tax accounting. In the compilation of terms I kept in mind that in some meanings there is an abstract part that is taken for granted, which makes difficult the understanding of the definition; For which reason I have expanded many definitions, including illustrative examples as a way to clarify them.

With this book I expect to assist the many Hispanic students whose first language is Spanish and are presently taking Accounting with little or no experience in the English language used in Accounting. I have a great respect and admiration for all of them for their tenacity and effort, and I would be pleased to know that I have been helpful.

The translation of the glossary from English into Spanish hopes to organize and expand the glossaries of accounting terms found in current accounting books in Spanish. The translations of words and expressions are based on the author's direct knowledge because of his education and experience, both in Colombia and in the United States. It is not a literal translation. Some terms are very similar in both languages, as for example: the translation of the word **patent** into Spanish is **patente**. But in many cases, words or expressions are quite different in the two languages, for example: **Treasury Stock** is called **Acciones Propias Readquiridas** in

Spanish; **Silent Partner** is called **Socio Comanditario** and there are many terms whose translation is far from being a literal one.

The author will gladly accept suggestions from other accountants, from accounting professors and students and from finance professionals who have the purpose of making this book better. Such suggestions will be definitely analyzed and considered for future editions of this book. Please send your correspondence to my electronic mail address: Jorgeherreracpa@netzero.com.

This first edition has been made without any collaboration. In my plans is to seek assistances for future editions, both intellectual and financial.

Many thanks to my wife, to my four children, and to that small group of friends who knew about my project and never doubted that I was going to be able to publish this book and rooted for me to continue.

Jorge E. Herrera

Astoria, New York
December 26, 2011

PREFACIO

Este glosario bilingüe de términos contables tiene el propósito de ayudar a los estudiantes de Contabilidad, tanto en español como en inglés, a entender mejor las definiciones de las palabras y expresiones que se usan en la profesión. Cubre mayormente principios de contabilidad, algunos conceptos enseñados en contabilidad intermedia y avanzada, como también en contabilidad de costos y contabilidad tributaria. En la compilación de términos he tenido en cuenta algunos significados que dejan una parte abstracta, lo cual hace difícil el total entendimiento de la definición; Por tal razón he expandido muchas definiciones, incluyendo ejemplos ilustrativos a manera de aclaración.

Espero ayudar con esta obra a muchos estudiantes hispanos cuyo primer idioma es el español y están tomando en el momento clases de Contabilidad en inglés con poca o ninguna experiencia con el ingles usado en la Contabilidad. Todos ellos tienen mi respeto y admiración por su tenacidad y esfuerzo, y me gustaría saber que les he sido de ayuda.

La traducción del glosario del inglés al español pretende organizar y ampliar los glosarios de términos contables hallados en libros de Contabilidad en español en la actualidad. Las traducciones de palabras y de expresiones están basadas en el conocimiento directo del autor por su educación y experiencia tanto en Colombia como en los Estados Unidos. No es una traducción literal. Algunos términos son muy similares en ambos idiomas, como por ejemplo: la traducción de la palabra **patent** al español es **patente.** Pero en muchos casos las palabras o expresiones son muy diferentes en los dos idiomas, por ejemplo: **Treasury Stock** se dice **Acciones Propias Readquiridas** en español; **Silent Partner** se dice **Socio Comanditario** y hay muchos términos más cuya traducción está distante a ser literal.

El autor aceptara con beneplácito las sugerencias de otros contadores, de profesores y estudiantes de contabilidad y de profesionales de finanzas que tengan el propósito de hacer este libro mejor. Dichas sugerencias serán con toda seguridad analizadas y consideradas para las futuras ediciones de este libro. Por favor envíe su correspondencia a mi dirección de correo electrónico: Jorgeherreracpa@netzero.com.

Esta primera edición ha sido hecha sin ninguna colaboración. Tengo planeado buscar ayudas tanto intelectuales como financieras para futuras ediciones.

Muchas gracias a mi esposa, a mis cuatro hijos y a aquel grupo pequeño de amigos que sabían de mi proyecto y que no dudaron que si seria capaz de publicar este libro y me animaron a proseguir.

Jorge E. Herrera

Astoria, NY
Diciembre 26 de 2011

Glossary A

Absorption Costing (Método de Absorción de Costos) : A costing method in which all manufacturing costs, variable and fixed, are charged to, or absorbed by, the product. The cost of the product is the sum of: direct materials, direct labor and manufacturing overhead (variable and fixed). See: *Variable Costing.*

Accelerated Depreciation (Depreciación Acelerada) : A depreciation method that results in a larger depreciation expense in the first year of the asset's use, followed by declining amounts during the life of the asset. The method takes into account the asset's wear and tear, but businesses are more motivated by the tax benefit. The latest approved system to calculate accelerated depreciation expense is the **MACRS** (Modified Accelerated Recovery System) that was approved by Congress in 1986 to take effect on January 1, 1987. It replaced the **ACRS** (Accelerated Recovery System) that was prescribed in the Economic Recovery Act of 1981. Prior to 1981 there were other accelerated depreciation methods that are no longer valid.

Accounts (Cuentas) : Formal records of increases and decreases in specific asset, liability, or owner's equity items used to record business transactions

Accountancy (Contaduría) : See: *Accounting.*

Accounting (Contabilidad) : **1.** The profession practiced by accountants whose job is that of identifying, recording and communicating economic events of an organization to interested users; **2.** The information system, manual or electronic, that is used to compile the entity's transactions and produce the financial statements and other business reports that are useful in managing the entity.

Accounting Change (Cambio Contable) :   A change in the current period of **(a)** an accounting principle, **(b)** an accounting estimate, or **(c)** the reporting entity, that merits disclosure and explanation in published financial reports; i.e.: a change in the method to value ending inventory and cost of goods sold (a change from FIFO to LIFO and vice versa).

Accounting Equation (Ecuación de Contabilidad) : The basic accounting equation states that assets must equal liabilities plus owner's equity.

$$Assets = Liabilities + Owner's\ equity$$

Accounting Information System (Sistema de Información Contable) : A system that is able to collect, classify, summarize, and report a business financial and operating information to its users. An accounting information system may be either manual or computerized. Computerized systems are either an off-the-shelf system for small businesses, or a more complex custom-made system.

Accounting Period (Periodo Contable) : The period of time covered in an operating report or in a financial statement, i.e.: a month, a quarter, a year.

Accounts Payable (Cuentas Por Pagar) : A current liabilities account to accumulate invoices from suppliers on credit purchases as well as recording the payments made to creditors.

Accounts Receivable (Cuentas Por Cobrar) : A current assets account also known as **Trade Receivables** used to accumulate the amounts of the invoices for credit sales and to deduct the payments received from clients on credit.

Accounts Receivable Aging Schedule (Cuadro de Envejecimiento de Cuentas por Cobrar) :
See: *Aging Schedule.*

Accounts Receivable Turnover Ratio (Rotación de Cuentas por Cobrar) :
A ratio that measures the number of times receivables are generated and collected during the year. It is calculated by dividing net credit sales into the average balance of net accounts receivable. A ratio of 12 means that receivables are rotated 12 times a year, or every 30 days, or once a month.

Accrual-Basis Accounting (Sistema Contable de Causación) :
A basis or system of Accounting under which revenues are reported when earned and expenses are reported when incurred, rather than in the periods in which the company receives or pays the corresponding cash.

Accrued Expenses (Gastos Acumulados) :
The charges recorded by means of adjusting entries before closing the books with credit to short term accrued liabilities (Expenses Payable account) for expenses that have been incurred, but not yet recorded or paid; for example: Purchases of services for which an invoice, or a report, has not been received.

Accrued Revenues (Ingresos Acumulados) :
The credits to revenue accounts recorded by means of adjusting entries before closing the books with debit to accrued assets (receivables) for revenues that have been earned, but not yet recorded or received; for example: Services performed under a percentage of completion

contract for which the company is not allowed to present an invoice on the fiscal year closing date due to a billing clause in the contract that requires confirmation of completion only by a named individual.

Acid-Test Ratio (Razón de la Prueba de Fuego) : Also called *Quick Ratio* is a coefficient that measures a company's immediate short-term liquidity. It is a more severe test of liquidity than the *current ratio* because it excludes Prepaid Expenses and Inventory from current assets; it is calculated by dividing the sum of Cash plus Short Term Investments plus Accounts Receivables (net) and Notes Receivables by the total of current liabilities. A ratio of 1.2: 1 means that the liquid current assets plus those that can become cash in a very short time from the period closing date exceed the current liabilities by 20 percent.

Acquisition (Adquisición) : The combination of two companies in a transaction by which one firm becomes the owner of all or most of the net assets of the other while both of them keep separate existences under a parent-subsidiary relationship. The parent company's ownership of the subsidiary's securities is attained through an exchange of cash, debt or ownership securities. Consolidated financial statements are required for periods subsequent to an acquisition.

Activity Index (Índice de Actividad) : The level of activity selected for cost behavior analysis. A different level is expected to cause changes in the behavior of costs.

Activity Based Costing (ABC) [Coste Basado en Actividad (CBA)] : A method of overhead allocation by activities performed in making the product.

The method is effective because it gives more accurate product costing and allows a better analysis of the value chain.

Adjusting Entries (Entradas de Ajuste) :

Journal entries at the end of the accounting period, made to recognize, in the period where they belong, related revenues earned and/or expenses incurred in accordance with the *revenue recognition* and the *matching* principles.

Additional Paid-in Capital (Prima de Acciones) :

Capital contributions of stockholders, in excess of par or stated value, credited to *Paid-in-Capital* accounts other than *capital stock*. Also, amounts received above cost from the resale of *treasury stock*.

Administrative Expenses (Gastos Administrativos) :

Operating expenses incurred in the general administration or management of the company, other than *Selling Expenses*. Examples are: office salaries, stationery and office supplies, office building maintenance and office furniture depreciation. See: *Cost of Goods Sold* and *Selling Expenses.*

Admission by Investment (Admisión por Inversión) :

A new partner may be admitted by investing assets in the partnership, causing both partnership's total assets and total capital to increase; it requires the consent of all existing partners. An entry is necessary to create a capital account for the new partner.

Admission by Purchase of an Interest (Admisión por Compra del Interés de un Socio) :

A personal transaction between one or more existing partners and the new partner with the approval of the partner(s) not involved. Entries are necessary to remove the retiring partner(s) from the books and create a capital account for the incoming partner; the transaction does not change partnership's total assets or total capital.

Admission of a New Partner (Admisión de un Nuevo Socio) : A new partner may be admitted to a partnership by either (1) investing assets in the partnership, or (2) by purchasing the interest of an existing partner. In both cases, the consent of all other existing partners is required. See: **1.-Admission by Investment, and 2.-Admission by Purchase of an Interest.**

Adverse Opinion (Opinion Adversa) : An auditor's opinion stating that in his/her judgment the company's financial statements **do not** present fairly the financial position or the results of operations or cash flows in conformity with generally accepted accounting principles.

Aging Schedule (Cuadro de Envejecimiento de Cuentas por Cobrar) : A schedule of accounts receivable classified by lengths of time they have been unpaid. It is used to estimate the total dollar amount of uncollectible accounts at the end of the period. This amount becomes the updated (credit) balance of *Allowance for Doubtful Accounts* of those companies using the allowance method under the *percentage of receivables* basis.

Allowance for Doubtful Accounts Method (Método de Asignación para Cuentas Incobrables) : Known simply as the **Allowance Method** is an alternative method of calculating bad debts expense (or uncollectible accounts expense) at year end out of a large number of customer balances. This method is used by companies that are unable to identify specific uncollectible balances and therefore must estimate them.

Amortization (Amortización) : **(1)** The progressive elimination of a debt by periodic payments; **(2)** the periodic write-down of a prepayment, or of a valuation account (*bond discount or bond premium*).

Assets (Activo, Haber) : Tangible and intangible resources owned by a business. Assets are classified as: current assets, long term investments, fixed assets and intangible assets. Part of the resources (assets) owned by a business belongs to its creditors (Liabilities), and the rest belongs to the owner(s) (Owner's Equity).

Asset Turnover (Rotación de Activos) : A coefficient that indicates how efficient the company's assets are in generating sales. The ratio, expressed in number of times, shows how many dollars in sales are generated by one dollar invested in average assets during the period. It is calculated by dividing net sales by the average assets for the period.

Auditing (Auditoria) : The examination of financial statements together with their supporting records (accounting and other), including interrogation of management and others, by a certified public accountant (CPA), in order to express an opinion as to the fairness of their presentation.

Authorized Stock (Acciones Autorizadas) : The number of shares that a corporation is authorized to issue by the Department of State, as indicated in its charter.

Available for Sale Securities (Valores Disponibles para la Venta) : A temporary investment in securities that management expects to sell sometime in the future, although not actively traded for profit. Unless management's intent would be to hold them as a long term investment, these securities are recorded in a current asset account, **Marketable Securities**, at cost. See: **Trading Securities and Held-to-maturity Securities.**

Average Cost Method (Método del Costo Promedio) : A costing method that assumes that all goods are similar in nature, thus the pricing of the *ending inventory units* and the *cost of the units sold* is calculated at the *average cost* per unit of the *goods available for sale*. Such average unit cost is the *weighted average unit cost* of *the goods available for sale after each purchase or sale under the perpetual inventory system.*

Glossary B

Bad Debt Expense (Gasto de Deudas Malas) :
An operational expense account used to record the total of those account balances written-off from the asset account **Accounts Receivable** as they appear to be uncollectible. Companies with very large number of accounts receivable records must estimate the uncollectible amounts as of the balance sheet date and adjust the *Accounts Receivable* balance by means of a contra account called *Allowance for Doubtful Accounts*. See: **Allowance for Doubtful Accounts Method.**

Balance Sheet (Balance General) : Also called Statement of Financial Position is a financial statement that reports the assets, liabilities, and owner's equity of an entity, or net worth of an individual at a given date, usually the last day of the month or the year.

Balanced Scorecard (Tarjeta de Puntajes Balanceada) : A management approach that makes less emphasis in approved budgets and puts more weigh in customer satisfaction and opportunities for cost savings. It uses both financial and nonfinancial measures tied to company objectives to evaluate performance in specific areas and of the company as a whole.

Bank Charge (Cargo Bancario) : An amount charged to a customer's account by a bank for services not offered for free; examples are: handling of NSF checks fees, collection fees, etc. These charges do include interest or discount.

Bank Reconciliation (Reconciliación de Cuenta Bancaria) : A periodic (usually monthly) verification of the checking account balance. It is done by reconciling the bank statement information with the records maintained by the company on the subject account for the purpose of discovering errors, misappropriations and unrecorded transactions by either party.

Bank Statement (Extracto de Cuenta Bancaria) : A monthly checking account statement sent by banks to their depositors with the following information relative to the account: 1) Beginning balance; 2) Deposits received, both those made by the account holder and those made by third parties to the depositor's account; 3) Checks drawn by the owner of the account and paid by the bank during the period; 4) Other credits and charges to the account, each with its respective explanation, and 5) Ending balance.

Bankruptcy (Bancarrota) : The financial condition of an entity wherein the liabilities are greater than the assets at fair mark value. See: *Bankruptcy Law.*

Bankruptcy Law (Ley de Bancarrota) : A federal law consisting primarily of the Federal Bankruptcy Code which incorporates certain provisions common to state law. The bankruptcy code was created for the protection of both debtors and creditors. There are four operative chapters of the Code: **Chapter 7:** *Straight bankruptcy or liquidation;* **Chapter 9:** *Adjustment of Debts of a Municipality*; **Chapter 11:** *Reorganizations*; and **Chapter 13:** *Adjustments of Debts of an Individual with Regular Income.* See: *Bankruptcy.*

Bargain Purchase Option (Opción de Compra a Precio de Ganga) : A provision in a long term lease agreement that gives the lessee the option to purchase the leased property at a price significantly lower than the expected fair value on exercise date.

Basic Accounting Equation (Ecuación Básica de Contabilidad) : See: *Accounting Equation*.

Bearer (Coupon) Bonds (Bonos No Registrados) : Bonds not registered in the name of the owner. Since periodic interest can not be mailed or credited electronically to the bondholder, the bearer of the interest coupons must go to the fiduciary to pick up the interest payment on the scheduled date.

Bill of Lading (Manifiesto de Carga) : A document issued by a carrier or a transportation agency listing the goods to be shipped and delivered at a specified place to a named person or to his/her order. The acknowledgement signed by the carrier or its agent serves both as a receipt of goods and a transportation contract.

Black Market (Mercado Negro) : The illegal selling and buying of commodities or foreign currencies by individuals who are willing to violate governmental restrictions; Also, the place where such activities take place.

Blanket Insurance (Seguro de Cobertura Global) : A comprehensive insurance contract covering a diversified class of property; items covered may fluctuate from time to time as long as the insurance carrier is notified.

Board of Directors (Junta Directiva) : The governing body of a corporation whose members are elected by the common stockholders for the period of time specified in the corporate by-laws.

Board of Trustees (Junta de Síndicos) : A board entrusted to keep records of certain investments and financing documents of a large corporation. The trustees are hired by the Board of Directors.

Bonds (Bonos) : Units of long term debt investment that represent a contractual obligation of the borrower (business corporations and other private entities, i.e.: universities, and government entities) to pay to bondholders periodic interest payments on the amount borrowed and to repay the principal upon their maturity.

Bond Certificate (Título de Bonos) : A legal document that has the form of an interest-bearing note issued to the bondholder by the borrowing company. It contains the name of the issuer plus the basic information of the terms of the loan, as: the face value, the contractual interest rate and the maturity date of the bonds. See: *Bond Indenture.*

Bond Indenture (Contrato de Fideicomiso) : A collective contract between the borrowing corporation and investors stating the rights and duties of both the company and the bondholders in regards to the bond issue for the life of the bonds. Besides the basic terms printed on the bond certificates, the indenture contains clauses needed to describe payment mechanisms, the type of bonds, any collateral offered, frequency of interest payments, the call price for callable bonds and the number of common shares bondholders are to receive for convertible bonds in the event the company or the bondholders decide to exercise their right.

Bonds Payable (Bonos a Pagar) : A long term liability account in the general ledger that records the face value of bonds issued and outstanding.

Bond Rating (Calificación de Bonos) : Ratings ranging from AAA to D by bond rating companies on the quality of corporate and municipal bond issues. The ratings reflect the probability of default of each issue.

Bond Sinking Fund (Fondo Para Amortización de Bonos) : A growing fund consisting of cash and investments in securities set aside to retire a bond issue at maturity. The fund grows with periodic cash contributions by the company and with the investment income.

Bonds with no Periodic Interest (Bonos sin Interés Periódico) : Also known as *zero coupon bonds* are bonds which do not make periodic interest payments. See: *Zero Coupon Bonds.*

Bonding (Seguro de Fidelidad o de Cumplimiento) : Insurance coverage to protect a company from the risks of losses caused by: 1. - employee's dishonesty, or 2. - contractor's nonfulfillment. See: *Fidelity Bond* and *Performance Bond.*

Bonus to New Partner (Bono al Nuevo Socio) : The premium amount credited to the incoming partner's capital account with debits to the existing partners' capital accounts which is given to him/her either as a reward for the needed resources or special attributes that he/she brings into the partnership, or as compensation for the overvalue of the existing partners' capital accounts (book value higher than market value).

Bonus to Old Partners (Bonos a los Socios Existentes) : The premium amount paid by an incoming partner over his/her agreed initial capital balance with credits to the existing partners' capital accounts either as a reward for the opportunity to join the partnership, or most likely as compensation for the undervalue of the existing partners' capital accounts (market value of business higher than book value of assets minus liabilities).

Bonus to Remaining Partners (Bono a los Socios que Continúan) : The premium amount deducted from the outgoing partner's capital account balance at the time of withdrawal, given by him/her to the remaining partners either as a reward for accepting premature exit from the partnership, or as compensation for the overvalue of his/her capital account (book value higher than market value), resulting from lower market value of the business due to unrecorded negative goodwill (the partnership has a poor earnings record).

Bonus to Retiring Partner (Bono al Socio Saliente) : The premium amount paid to the outgoing partner over his/her capital account at the time of withdrawal, given to him/her either as a reward for accepting removal from the partnership business, or as compensation for the undervalue of his/her capital account (book value lower than market value), resulting from either higher market value of assets, or unrecorded goodwill.

Bookkeeper (Tenedor de Libros) : An individual in charge of recording the economic events of an entity under the supervision of an accountant.

Bookkeeping (Teneduría de Libros) : The job of a bookkeeper, using the double entry system. See: *Bookkeeper.*

Book Value (Valor de Libros) : The net amount between a current asset or a fixed asset and its related valuation account balance, or of a liability account less or plus its related valuation account. Both the main account of current asset or fixed asset at its acquisition cost or the liability account and the related valuation account(s) are presented on the balance sheet. See: ***Carrying Value of Bonds Payable.***

Branch (Sucursal) : A separate place of business of any kind or type that it is owned by another one (the home office). A branch is located apart from the home office, but uses the home office's name and employer identification number (EIN). The operations of the branch are entrusted to a branch manager. The accounting records of the branch are kept either by the home office or by the branch, as per the home office's election. Integration between the home office and the branch accounting records is usually achieved with control accounts or reciprocal accounts. See: ***Subsidiary (Affiliated) Company.***

Break-even-point (Punto de Equilibrio) : The level of activity at which the revenue to be received for the units produced and sold equals the total manufacturing costs for those units. It can be calculated either in dollars or in units by using one of the following three methods available: **1.** - *mathematical equation,* **2.** - *contribution margin technique,* and **3.** - *CVP graph.*

Bribes (Sobornos) : Cash payments, gifts, or favors bestowed or promised to induce a person to do something illegal or improper against his/her wishes for the benefit of the person or organization offering the bestowal.

Budget (Presupuesto) : The monetary quantification of a plan of operations laid out by management for the estimated activities of the business during a specified future time period. There are various kinds of budgets: Budgeted Income Statement, Budgeted Balance Sheet, Cash Budget, Operating budgets: Sales, Production, Expenses, etc. and the Master Budget.

Budgetary Control (Control Presupuestario) :
The control at various levels of responsibility of the components of budgets by means of budget reports that compare actual results with planned objectives

By-Laws (Estatutos) : The internal rules and procedures of a corporation for conducting its affairs and operations. The by-laws, approved by the shareholders, should not be in contradiction with the corporate charter.

Callable Bonds (Bonos Rescatables) : Bonds that are subject to retirement prior to maturing at the option of the issuer at a pre-established price. The stated dollar amount for premature redemption is always higher than face value.

Capital Expenditure (Gastos de Capital) : The money spent to add fixed-asset units or in increasing the capacity, efficiency or life span of an existing fixed asset.

Capital Gain (Ganancia de Capital) : The gain obtained from the sale or exchange of assets other than inventory when those sale or exchange proceeds are greater than the net book value of the asset(s) disposed of.

Capital Lease (Contrato de Arrendamiento/Compra a Plazos) : Also called **financing lease** is indeed a purchase of fixed asset(s) financed by the seller. The contractual arrangement transfers substantially all the benefits and risks of ownership to the lessee, so the lessee records an asset acquisition and a liability to the lessor. The expenses of the lessee consist of interest on the debt and depreciation of the property. The lessor records the lease as an installment sale. See: *Operating Lease.*

Capital Loss (Pérdida de Capital) : The loss suffered from the disposal (sale, exchange or abandonment) of assets other than inventory when the proceeds from the sale or exchange are smaller than the net book value of the asset(s) disposed of. For income tax purposes capital gains and capital losses are separated into long-term and short-term depending if the asset was held for over a year, or up to a year. The deductible amount of capital losses for individuals has an annual limit.

Capital Stock (Capital social) : The money value assigned to all shares of the various classes of stock issued by a corporation. Those shares may have a par value or a stated value (assigned to NPV shares), constituting generally the **legal capital** of the corporation.

Carrying Value of Bonds Payable (Valor Actual de Bonos por Pagar) : It is the algebraic sum of the Bonds Payable account less or plus its related valuation account balance. Both the main account and the related valuation account (*Discount on Bonds Payable* or *Premium on Bonds Payable*) balances are presented on the balance sheet. See: *Book Value.*

Cash-Basis Accounting (Sistema Contable de Efectivo) : An accounting basis under which revenue and expenses are reported in the period in which the company receives or pays the corresponding cash.

Cash Dividends (Dividendos en Efectivo) : A pro-rata distribution of earnings to its stockholders of record made in cash by a corporation, when and if the company has sufficient balance in the *Retained Earnings* account to cover the distribution, and cash available to make the payments.

Cash Payments Journal (Diario de Desembolsos de Caja) : A special journal used to record all payments by check, including checks to the petty cash custodian.

Cash Receipts Journal (Diario de Entradas a Caja) : A special journal used to record each and every deposit to the checking account of the business.

Change in Accounting Principle (Cambio de Norma Contable) : The use of a principle in the current year that is different from the one used in the preceding year(s). For example: A change in the cost flow method for inventories (i.e.: a change from FIFO to LIFO or vice versa).

Charter (Escritura de Constitución) : A

document that creates a corporation when returned with a certificate of incorporation by state authorities in the USA. It contains the articles of incorporation and is prepared and filed by the persons establishing a corporation.

Closed Corporation (Corporación Cerrada) :

Also called *privately held corporation*, is a corporation whose shares are not to be offered to unknown investors. Their relatively small number of stockholders is often active in the management of the business and serving as directors. See: *Public Corporation*.

Closing Entries (Entradas de Cierre) : The four

(4) journal entries made at the end of the accounting period to complete the process of closing the books. That is, closing all temporary accounts and the Income Summary account which is used to close all revenue and expense accounts. These entries are: **1.** - Closing revenue accounts against Income Summary; **2.**- Closing expense accounts against Income Summary; **3.**- Closing Income Summary against Owner's Capital (sole proprietorships) and **4.**- Closing the Owner's Drawings account against Owner's Capital (sole proprietorships). Partnerships close Income Summary (entry # 3) and the partners' drawings accounts (entry #4) against the individual partners' capital accounts. Corporations close Income Summary (entry # 3) and the dividends accounts (entry #4) against the Retained Earnings account.

Common Stock (Acciones Comunes) : Shares of capital stock that constitute most of, if not all, the paid-in-capital of a corporation. They have no preferences as to receipt of dividends and are last in line in case of liquidation. They have voting rights and the right to demand declaration and payment of dividends.

Commercial Discounts (Descuentos Comerciales) : Discounts offered by the seller for the sole purpose of promoting sales. This marketing practice is used because buyers are supposed to like "getting discounts", thus the seller plays the game of marking-up prices and then offers "discounts". Transactions are recorded by the seller for the net amount of the sale, totally disregarding such "discounts" in the accounting records.

Comprehensive Income (Ingreso Comprensivo) : Income that includes income bypassed in the income statement, but reported as an unrealized gain or loss in the stockholders' equity section of the balance sheet. It includes all changes in stockholders' equity during the period except those resulting from investments by stockholders and distributions to stockholders.

Conservatism (Conservatismo) : An accounting concept which chooses between acceptable accounting alternatives the least likely to overstate assets and/or net income as the best choice for recording events or transactions.

Consigned Goods (Mercancía en Consignación) : Are goods shipped or delivered by the consignor (owner) to the consignee (holder) for future sale or other purpose upon the signing of an agreement which would state that the consignee may eventually purchase the goods, act as the agent of the consignor, or otherwise dispose of the goods. The physical inventory of consigned goods is an asset of the consignor. A purchase/sale transaction occurs when the consignee disposes of some of or all the goods.

Consistency Principle (Principio de la Consistencia) : The accounting principle that dictates that a company use continued uniformity during a period or from one period to another in methods of accounting, mainly in valuation bases and methods of accrual.

Consolidated Financial Statements (Estados Financieros Consolidados) : Are financial statements that present the total assets and liabilities and the total revenues and expenses of two or more associated companies as they would appear if they were one organization.

Consolidation (Combinación) : The creation of a new company to acquire the assets of two or more combining companies that will lose their legal identities. Prorated shares of stock of the new company are issued to the stockholders of the combining companies.

Contingent Liabilities (Pasivos Contingentes) : Possible future obligations whose amounts might or might not be known at the closing of the fiscal period. Accounting for contingent liabilities is based on guidelines regarding their probability to occur and their feasibility to estimate.

Contra Account (Cuenta de Valoración) : A "companion account" with a balance contrary in nature to that of a main account of asset, liability, revenue , expense or equity which serves to value (adjust) the main account while providing disclosure of its gross balance.

Contra Asset Account (Cuenta de Valoración de Activos) : A credit nature account that is used to obtain the net value of an asset account, while preserving the gross amount of the accompanied asset account, i.e.: *Allowance for Doubtful Accounts* is a *contra account* of *Accounts Receivable.*

Contra Equity Account (Cuenta de Valoración de Patrimonio) :
A debit nature account that is used to obtain the net value of an equity account, while preserving the gross amount of the accompanied equity account, i.e.: *Cash Dividends and Stock Dividends* are *contra accounts* of *Retained Earnings.*

Contra Expense Account (Cuenta de Valoración de Gastos) :
A credit nature account that is used to obtain the net value of an expense account, while preserving the gross amount of the accompanied expense account, i.e.: *Subleased Space Income* is a *contra account* of *Rent Expense.*

Contra Liability Account (Cuenta de Valoración de Pasivos) :
A debit nature account that is used to obtain the net value of a liability account, while preserving the gross amount of the accompanied liability account, i.e.: *Discount on Bonds Payable* is a *contra account* of *Bonds Payable.*

Contra Revenue Account (Cuenta de Valoración de Ingresos) :
A debit nature account that is used to obtain the net value of a revenue account, while preserving the gross amount of the accompanied revenue account, i.e.: *Sales Returns and Allowances* and *Sales Discounts* are *contra accounts* of *Sales.*

Contractual Interest Rate (Tasa de Interés Contractual) :
The rate printed on the bond certificate, used to determine the amount of periodic cash

interest the borrower pays to the bondholders during the life of the bond.

Contribution Margin (CM) [Margen de Contribución] : The amount that must be added to the variable costs to cover the fixed cost and the gross profit. It is calculated by subtracting the variable costs from total revenues.

Contribution Margin Per Unit (Margen Unitario de Contribución) : The amount that must be added to the variable costs per unit to cover the fixed cost and the gross profit per unit. It is calculated by subtracting the unit variable costs from the unit selling price.

Contribution Margin Ratio (CMR) [Razón del Margen de Contribución]: The coefficient obtained by dividing the contribution margin per unit by the unit selling price which represents the percentage of each dollar of sales that is available to apply to fixed costs and contribute to net income from operations; Such percentage is useful to quickly project the increase in net income when an increase in sales dollars is contemplated.

Control Account (Cuenta Controladora) : An account in the general ledger that summarizes the balances of a group of sub-accounts, or its subsidiary ledger.

Controlling Company (Compañía Controladora) : A company (partnership or corporation) having ownership of more than 50% of the common stock or the equity of another entity which give them the power to influence its actions. See also *Parent Company*.

Controlling Interest (Entidad Controladora) : Any person, partnership or corporation having ownership of more than 50% of the common stock of another corporation which give them the power to influence its actions.

Convertible Bonds (Bonos Canjeables) : Bonds that are exchangeable for other securities of the same company, usually common stock, at the bondholders' option. The exchange option is stated in the indenture.

Corporation (Sociedad Anónima) : A business whose capital stock consists of equal units called shares of stock that are transferable partially or totally by their owners. Corporations are created under State Corporation Law that grants them separate legal existence, limited liability to their stockholders, and continued life to the entity.

Cost Accounting (Contabilidad de Costos) : A branch or department of accounting in charge of manufacturing costs for managerial reports and price decision making purposes. Cost Accounting is used also by large service companies.

Cost Behavior Analysis (Análisis de Comportamiento de Costos) : The analysis performed on the three kinds of product costs (variable, fixed and mixed) to find the response to each of the different levels of business activities studied.

Cost Flow Method (Método de Asignación de Costos) : The generally accepted inventory costing method that the management of a company with a large inventory uses to recognize the *cost of goods sold* as the specific identification method is impossible to use. There are three accepted cost flow methods: **FIFO, LIFO and Average Cost.**

Cost Method for Investment in Common Stock (Método del Costo para Inversiones en Acciones Comunes) : A method used for long term

31

equity investment of less than 20% of an investee's outstanding common stock. The company maintains the investment in common stock at cost, and recognizes revenue only when cash dividends are received. The cost can be adjusted down at market value if the investment has been permanently impaired. See: *Equity Method.*

Cost Method for Treasury Stock (Método del Costo para Acciones Propias Readquiridas) :

A method that views the purchase and subsequent disposition of the company's own common shares as one transaction. The entire amount paid to reacquire shares of common stock is **debited to** an *equity contra account* called **Treasury Stock**. Reissued shares are **credited** to **Treasury Stock** for their cost; the difference between sale price and cost, if any, is *credited or debited* to an **Additional Paid-in Capital** account called **Paid-in Capital from Treasury Stock.** Since *Additional Paid-in Capital* accounts should not have a debit balance, any amount over the **Paid-in Capital from Treasury Stock** credit balance is **debited** to **Retained Earnings**. See: **Par Value Method for Treasury Stock.**

Cost of Goods Manufactured (Costo de Bienes Manufacturados):

Is the cost of goods manufactured during the period and is equal to the total cost of work in process minus the work in process ending inventory. The total cost of work in process is equal to the work in process beginning inventory plus total manufacturing cost for the period.

Cost of Goods Sold (Costo de Ventas) :

The total cost of merchandise or finished goods sold during the accounting period.

Cost Principle (Principio del Valor Histórico Original) : An accounting principle that states that assets should be recorded at their acquisition cost and such amount should remain on the books until the asset(s) is/are disposed of. There are two exceptions to this principle: **1.**- Permanent impairment of assets, and **2.**- Lowest of Cost or Market method (LCM).

Cost Standard (Estándar de Costo) : A predetermined cost estimate that serves as the basis for management information and control. Standards or rates for the *cost of materials, labor and manufacturing overhead* are predetermined using available information on *internal conditions* as: technology, design, physical facilities, etc.; and *external data* as: prices of materials, direct labor and indirect costs at the time the standards are developed. Ideally, the cost standard should be used for the entire fiscal period, or for as long the rates appear to be valid; but they should be *revised when the internal conditions or external data used to develop the standard change.* Actual product costs are compared against the standard (budgeted) costs.

Cost-Volume-Profit (CVP) Graph [Gráfica de Costo-Volumen-Ganancia (CVG)]: A graphic presentation of the break-even point that shows the relationship between costs, volume, and profits. The vertical axis is used for dollars and the horizontal axis is used for quantities.

Cost-Volume-Profit (CVP) Income Statement [Estado de Perdidas y Ganancias de Costo-Volumen-Ganancia (C-V-G)]: A financial statement for internal use that classifies costs as fixed or variable and reports contribution margin in the body of the statement.

Cost-Volume-Profit Relationship (Relación entre el Costo-el Volumen-y las Ganancias) : The effects on a company's profits brought about by any change or changes in selling price, fixed costs, variable costs or volume, assuming a constant sales mix if more than one type of product is manufactured and sold.

Cumulative Dividends (Dividendos Acumulativos) : A class of preferred stock dividends that if unpaid accumulate as a claim on past and future earnings and should be paid before dividends are paid to common stockholders. See: *Dividends in Arrears.*

Current Assets (Activo Corriente) : Cash on hand and in bank accounts plus other assets that are expected to be converted to cash or used up within one year or less through the normal operations of the business.

Current Liabilities (Pasivos Corrientes) : Short-term debts to vendors on credit and others, including the short-term portion of a long-term liability, payroll, sales and income taxes, and unearned revenues that are expected to be paid with current assets in less than one year or within the operating cycle if this is longer than one year.

Current Ratio (Razón de Capital de Trabajo) : A coefficient of liquidity of a company that allows its potential short-term creditors evaluate its capacity to pay its bills timely; It indicates the ratio between current assets and current liabilities and is calculated by dividing net current assets by current liabilities at the period closing date. A ratio of 1.75: 1 means that the net current assets are 75 percent larger than the current liabilities at the balance sheet date.

<u>Current Replacement Cost (Costo Actual de Reemplazo) :</u> The amount of money required currently to acquire an asset that is identical to the existing one, or another asset that can give the same service as the existing one. The current replacement cost does not necessarily have to be higher.

Days in Inventory (Número de Dias en Inventario) : The approximate time in days that it takes a company to sell the average inventory once it arrives to the store. It is calculated by dividing 365 or 360 into the inventory turnover ratio.

Death Taxes (Impuestos a los Muertos) : See: *Estate Tax.*

Debenture Bonds (Bonos sin Garantía Prendaria) : Also called *unsecured bonds*, are bonds issued without any specific pledge of property as collateral; That is, they are issued against the general credit of the borrower.

Debt Investments (Inversiones en Bonos) : Investments in bonds issued by other corporations or by the government. They are assets classified as short-term investments (Trading Securities and Available-for-sale securities) and Long-term investments (Held-to-maturity securities). Available-for-sale securities should be classified as Long-term investments if the company does not expect to sell them within a year.

Debt Securities (Valores Comerciales - Deuda) : Transferable bond certificates issued by corporations seeking financing. They show evidence of the amount of debt investment in the issuer. See: *Equity Securities.*

Debt to Total Assets Ratio (Razón de Pasivos a Activos Totales) : A coefficient used to measure a company's solvency that shows the percentage of total assets provided by creditors; It is computed by dividing total debt by total assets.

Declaration Date (Fecha de Declaracion) : The date selected by the board of directors of the corporation to formally declare the commitment to distribute dividends. On this date that must be announced to the stockholders a journal entry is recorded, crediting the Dividends Payable account and debiting Retained Earnings (permanent account), or a temporary account: Cash Dividends or Stock Dividends, as the case might be.

Deferred Charge (Cargo Diferido) : Expenditure not charged to cost of operations when incurred but recorded as an asset to be written off in one or more future periods.

Deferred Compensation (Compensación Diferida) : Provisions for employee compensation to be paid at a later date; examples are: Provisions for pension plans, stock bonus plans and individual retirement plans.

Deferred Income Tax (Impuesto Sobre la Renta Diferido) : A liability account to record the portion of the estimated income tax expense recognized currently for accounting purposes, but not yet due to be paid or reported to tax authorities because of favorable rules in the Tax Code.

Defined-Benefit Pension Plan (Plan de Pension con Beneficio Definido) : A pension plan that specifies the employee benefits at retirement, usually based on factors such as age, years of service, and/or salary. The pension plan is funded by the employer only.

Defined-Contribution Pension Plan (Plan de Pension de Contribución Definida) : A pension plan in which the employer makes contributions to the plan for each employee and the employee benefits at retirement are the amounts provided for him or her. Employees may also participate voluntarily with contributions to the pension fund on his/her behalf.

Demurrage (Cargo por Sobrestadía) : The amount charged by a port authority to a freighter for the detention of a ship, freight car, etc. beyond the time originally stipulated, in loading or unloading. This charge is usually passed on to the owner of the freight causing the delay.

Depreciation Expense (Gasto de Depreciación) : That portion of the cost of a fixed asset or fixed-asset group being allocated to expense of the period over its service life, using one of the accepted depreciation methods.

Depreciation Methods (Métodos de Depreciación) : The varied arithmetic processes to calculate periodic depreciation expense over the useful life of a limited-life fixed asset. The accepted depreciation methods for accounting purposes are: *The straight-line method, the units of activity method* and *the declining balance (accelerated depreciation) method*. The depreciation method for tax purposes is the *MACRS* (Modified ACRS).

Deposits in Transit (Depósitos en Transito) : Deposits remitted to the bank via U.S. Mail or commercial courier that are recorded on the books of the depositor, but have not been recorded by the bank as of the closing date of the statement.

Direct Labor (Mano de Obra Directa) : The compensation paid to factory employees who work with the raw materials or assemble components to make the finished products. See: *Indirect Labor.*

Direct Materials (Materiales Directos) : The cost of raw materials used in manufacturing that are significantly associated with the product, either by their volume or cost. See: *Indirect Materials.*

Direct Method (Método Directo) : A method to determine the *cash generated by operating activities* in preparing the **Statement of Cash Flows** of the period; it consists of converting every item of the income statement from the accrual basis to the cash basis to show the operating cash inflows and outflows.

Direct Write-off Method (Método Directo de Cuentas Incobrables) : The method of accounting for **bad debts expense** used by companies with a small number of customer balances to write-off accounts receivables that are judged to be uncollectible at the balance sheet date with charge to Bad Debts Expense. See: **Allowance for Doubtful Accounts Method.**

Disclosure (Divulgación) : The reporting of important or key information like: *facts, methods used, or any other detail*, corresponding to, or omitted from, the financial statements or reports that are needed to interpret them accurately. See: **Full Disclosure Principle.**

Disclaimer of Opinion (Denegación de Opinion) : The statement by an auditor that he/she **does not** express an opinion on the financial statements of the company. A disclaimer is appropriate when the auditor has not performed an audit sufficient in scope to enable him/her to form an opinion on the financial statements.

Discontinued Operations (Operaciones Descontinuadas) : Operations that will not be part of future periods financial statements because the company has disposed of such significant sector of the business (a line of business, a division, a subsidiary, etc.), either by sale, abandonment, or in any other way during the accounting period of the financial statements. The results of the discontinued sector, net of income tax effects, must be reported separately on the income statement after *Income from Continuing Operations.*

Discount on Bonds Payable (Descuento de Bono por Pagar) :
A contra account following Bonds Payable in the general ledger in which the discount given to the bondholders is recorded. The discount is granted to adjust up the contractual interest rate to the market interest rate and it is equal to the difference between the face value of a bond and its selling price, which is less than the face value.

Dividends (Dividends) :
See: *Cash Dividends, Stock Dividends and Scrip Dividends.*

Dividends in Arrears (Dividendos Atrasados) :
Undeclared dividends that have accumulated on cumulative preferred stock. No liability is recorded for dividends in arrears; however, companies should disclose cumulative dividends in arrears in the notes to the financial statements. Preferred stockholders must be paid dividends in arrears and current year dividends before common stockholders receive dividends.

Dividends In-Kind (Dividendos en Especie) :
Distribution of some company assets to its stockholders, in lieu of cash, scrip or the company's own stock or bonds, with charge to the Retained Earning account. They are also called *property dividends.*

Donated Assets (Activos Donados) :
Contributions without consideration, usually of a noncash variety (land, building, securities), by stockholders or others to the company.

Donated Surplus (Superávit Donado) :
An *Additional Paid-In Capital* account used to record the

credit to stockholders' equity upon registration of assets donated to the corporation.

Double Entry System (Sistema de Partida Doble) : The bookkeeping system in effect since the sixteenth century which is characterized by using debit(s) and credit(s) of equal magnitude to record the dual effect of each transaction in the appropriate accounts of the firm's accounting books.

Drawings by Owner (Retiros por el Dueño) : Withdrawals of cash or other assets from an unincorporated business for personal use of the owner. See: *Owner's Drawings.*

Drawings by a Partner (Retiros por un Socio) : Withdrawals of cash or other assets from a partnership for personal use of the partner. See: *Partner's Drawings.*

Earnings per Share(EPS) [Ganancia Neta por Acción (GNA)] :
The net income earned on each share of common stock during the fiscal period; It is computed by dividing the earnings corresponding to common shares (net income minus preferred dividends, if there are preferred shares) by the weighted average of common shares outstanding.

Economic Entity Assumption (Asunción de la Entidad Económica) :
The right of any user of financial statements to assume that such statements only include assets that belong to the entity; that no obligations are excluded, and that they do not include personal activities of the owner or of any other economic entity.

Economic Order Quantity (EOQ) [Cantidad Económica de una Orden (CEO)]:
The quantity that minimizes the total of the acquisition cost plus the cost of possessing materials or goods. Such quantity can be determined by the graphic method or by formula when the factors of both the ordering cost and the carrying cost are known. The use of the EOQ formula is the preferred method. See: *EOQ Formula*.

Effective-Interest Method of Amortization (Amortización por el Método de Tasa Efectiva) :
Also known as *compound interest amortization* is a method of amortizing bond discount or bond premium that results in an increasing periodic interest expense when amortizing bond discount or in a decreasing periodic interest expense when amortizing bond premium because a constant percentage (interest rate) is applied to the carrying value of the bonds.

Effective Interest Rate (Tasa de Interés Efectiva) : A fixed interest rate applied to the carrying value of a receivable or of a liability, resulting in varying amount of amortization and interest per period. See: *Straight Line Amortization.*

Efficiency Variance (Variación Atribuida a la Eficiencia) : A variance in cost resulting from causes other than a change in the price of direct costs of materials or labor. Responsibility for efficient operations is assigned to production managers.

Employee Stock Option (ESOP) [Opción de Compra de Acciones para Empleados] : The right given to company employees to purchase a specified number of company shares of stock at stated bargain price during a stated time. The benefit of taking the option is a compensation for services.

Encumbrance (Gravamen, Impedimento Legal) : A burden or claim on property (i.e.: a mortgage) that must be set free prior to a transaction of the property. See: *Free from encumbrances.*

Encumbrance Holder (Acreedor Hipotecario) : A person or entity holding an encumbrance in support of a loan.

E.O.Q. Formula (Formula para la C.E.O.) : A formula to calculate the **quantity that minimizes the cost of the inventory** to be carried by a merchandiser. The formula is: *Q equals the square root of the quotient of 2Sk divided by pi*, where **Q** is the economic quantity; **S** is the expected annual sales; **k** is the ordering cost per order to be placed; **p** the price per unit of goods to be ordered, and **i** is the cost of interest and other costs of tying up money in inventory.

Equity (Capital Contable) : The difference between assets and liabilities of a business. See: *Owner's Equity, Partners' Equity, and Stockholders' Equity.*

Equity Method (Método del Valor Actualizado de la Inversión) : An accounting method used by parent companies holding between 20% and 50% of the investee's outstanding common stock. The investment in common stock is initially recorded at cost and then at the end of the year upon receipt of the financial statements of the investee the investment account is adjusted to show the updated balance. See: *Cost Method for Investment in Common Stock.*

Equity Securities (Valores Comerciales - Acciones) : Transferable stock certificates issued by corporations seeking financing. They show evidence of the amount of ownership investment in the issuer. The accounting method to be used by the investor is based on the percentage of owned common shares of the investee See: *Equity Method* and *Debt Securities.*

Estate (Herencia) : The gross estate of a decedent is the total value of all property, tangible or intangible, owned by him/her at his death.

Estate Agent (Agente Inmobiliario) : A person or agency in charge of selling, purchasing or administrating the real estate and other property, tangible or intangible, of another person or entity.

Estate Tax (Impuesto sobre la Herencia) : A transfer tax imposed on the taxable estate of a decedent, which is his/her gross estate reduced by various allowable deductions. See: *Estate.*

Estimated Cost of Ending Inventory (Costo Estimado del Inventario Final) : The value at cost of the inventory at the end of the month calculated by companies using the periodic inventory system by means of one of the two available methods to estimate *cost of goods sold and ending inventory.* The two methods are: *the gross profit method and the retail price method.*

Estimated Cost of Goods Sold (Costo de Ventas Estimado) : The estimated cost of goods sold for the month, calculated by companies using the periodic inventory system by means of one of the two available methods to estimate *cost of goods sold and ending inventory.* The two methods are: *the gross profit method and the retail price method.*

Ethics (Ética) : The system or code of principles and moral norms that rule the conduct expected of individuals who are members of a profession, an association, a branch of government, etc. Most large entities write their own code of ethics.

Excise Tax (Impuesto Indirecto) : A tax or duty imposed on the manufacture, sale or consumption of certain commodities; or a fee paid for the use of roads by heavy vehicles, o for a license to carry on certain occupations, sports, etc. Excise taxes are deductible expenses when they are incurred in operating a trade or business or for producing income.

Exempt Income (Ingreso Exento) : Income excludable from gross income for tax purposes which is contained in Sections 101-127 of the Internal Revenue Code. Also, the annual allowance on certain partially taxable income, i.e.: unemployment benefits and social security benefits.

Exempt Organizations (Organizaciones Exentas) : Corporations and trusts contained in Section 501 of the Internal Revenue Code, duly authorized by the IRS, which are exempt from the federal income tax on any residual funding from its donors. Income from unrelated operations conducted as a business within the exempt organization's premises is taxable, and a separate entity should be registered for such business.

Expanded Accounting Equation (Ecuación Contable Expandida) :

Assets = Liabilities + Owner's Capital – Owner's Drawing + Revenues – Expenses

Expenses (Gastos) : The cost of assets consumed or services used in the process of earning revenue, regardless if payment for the assets or services was already made, or if it is going to be made later.

Expense Recognition Principle (Principio del Reconocimiento de Gastos) : The principle that requires that expenses should be recognized when incurred and not when the payment is made. This is consistent with the concept that the expense makes its contribution to the revenue. See *Matching Principle.*

External Auditor (Auditor Externo) : A public accountant or firm of public accountants who contracts to perform an auditing or review work for a business and possess total independence; that is: he/she has/had no financial interest, direct or indirect, during the period of the report.

Extraordinary Items (Partidas Extraordinarias) : Items which correspond to events and transactions that are unusual in nature and infrequent in occurrence; that is: they do not normally occur in the ordinary course of business. They are reported separately, net of

46

income tax effect, on the income statement after *Income from (Continuing) Operations*, and after *Discontinued Operations*, if any.

Face Value or Par Value (Valor Nominal) :
The principal amount of a bond, other debt security, note
or mortgage that must be paid at the maturity date by the
issuer or the maker.

**Factor (Comisionista o agente de Cuentas por
Cobrar) :** A firm or bank that buys receivables from
businesses and thus becomes the new owner of the
accounts, with or without recourse. A service fee charged
to the owner of the receivables is deducted from the cash
payment.

**Factoring Receivables (Venta de Cuentas por
Cobrar) :** Selling the receivables of a company to a
factor, which becomes the owner of the accounts. When
obtaining a more economical financing is not an option,
companies lacking liquidity are forced to sell their good
receivables and hand the bad ones to a collection
company. See: *Factor.*

Fair Value (Valor Normal) : In the absence of
sales or quotations, the FMV of a security is the amount
for which it could be sold in a normal market. That is, the
value to be arrived at in a bona fide bargaining.

Favorable Variance (Variación Favorable) :
The excess of the standard amount over the actual
amount of the price paid or quantity used for product
input (direct materials, direct labor and manufacturing
overhead).

**Federal Insurance Contribution Act (FICA)
[Ley de Contribuciones al Seguro Social
(LCSS)]:** Legislation enacted by Congress to take
effect on January 1, 1935, under Sec. 3101-3126 of the

IRS Code, to provide retirement benefits as well as disability, survivorship and hospital insurance benefits that were to be financed with a tax levied against the employee earnings, up to a limit amount, of and matching contributions by the employer. In 1965, Congress extended benefits to include Medicare for individuals 65 years of age and over, and two separate funds were created: Social Security and Medicare.

Fidelity Bond (Seguro de Fidelidad) : An insurance bond (policy) to cover possible losses of assets (cash, merchandise or other property) in the care of employees in positions of trust, i.e.: cashiers, branch managers, warehouse employees, etc. New employees are screened by the insurance company and the monthly premium of the fidelity bond is computed based on classes of risks, number of employees and amounts covered per case per employee. It is a company operational expense usually required by its system of internal control.

Financial Accounting (Contabilidad Financiera) : The field of accounting that accumulates records of assets, liabilities, owner's equity, revenues and expenses for the main purpose of issuing financial statements for investors, creditors and other external users.

Financial Accounting Standards Board-FASB (Junta Reguladora de la Contabilidad Financiera-JRCF) : A private organization with headquarters in the U.S. composed of expert accountants, entrusted with the promulgation of the standards for financial accounting and financial statements. The *standards* of this *board* formed in 1973 are recognized by the Securities and

Exchange Commission (SEC) and by the American Institute of Certified Public Accountants (AICPA).

Financing Activities (Actividades de Financiamiento) : *Statement of Cash Flows* activities that include: **(a)** obtaining cash from issuing debt and repaying the amounts borrowed, and **(b)** obtaining cash from stockholders, and issuing cash to repurchase shares and pay dividends.

Finished Goods Inventory (Inventario de Productos Terminados) : Manufactured products that are ready for sale or other disposition by the manufacturer, except for use as a component of an assembly.

First In-First Out (FIFO) [Primeras en Entrar-Primeras en Salir(PEPS)]: A cost flow method using the assumption that the inventory units sold are the earliest goods purchased, so they are the first to be allocated to *cost of goods sold* and the *ending inventory* is priced using the *latest units purchased*.

Fixed Assets (Activos Fijos) : Long-term or relatively permanent tangible assets held for use in normal business operations, and not intended for resale to customers. They are also called *plant assets*, and are grouped in four (4) major categories: *Land, Land Improvements, Buildings and Equipment.*

Fixed Asset Turnover (Rotación de Activos Fijos) : A ratio that measures how efficiently a company uses its fixed assets to generate sales. The ratio (expressed in number of times) shows how many dollars in sales are generated by one dollar invested in average fixed assets during the period. It is calculated by dividing net sales by the average assets for the period. Many companies use the fixed assets costs to calculate the ratio's denominator.

Fixed Costs (Costos Fijos) : Costs that remain the same in total within a given period of time and over a wide range in the activity level called the relevant range.

Flexible Budget (Presupuesto Flexible) : A set of budgets for various levels of activity taking into account the nature of the expenses, some of which are fixed while others are variable or semi variable. The flexible budget assists in cost-volume-profit analysis and in cash budgets.

F.O.B. – Free on Board (Libre a Bordo) : Purchase order terms that specify where and when the ownership of goods passes from the seller to the buyer.

F.O.B. Destination (F.O.B. Lugar de Destino) : Purchase order terms indicating that the seller is responsible for the freight and transportation insurance costs. The seller continues to have possession of the goods until they are satisfactorily delivered to the buyer at his place of business.

F.O.B. Shipping Point (F.O.B. Lugar de Embarque) : Purchase order terms indicating that the buyer takes possession of the goods and is responsible for the freight and transportation insurance costs when the goods are delivered to a recognized carrier by the seller at its place of business for delivery to the buyer.

Footnotes (Notas a Pie de Página) : See: *Notes to Financial Statements.*

Forecast (Pronóstico) : A prediction of revenues and of cost and expense figures based on factors that can be estimated by the business management with respect to expectations of market share at expected prices and costs. These estimated figures are necessary in the preparation of the budgets.

Foreclosure (Ejecución de Hipoteca) : The act of the mortgagee of legally seizing the property pledged by the mortgagor as this one has lost the right to redeem his property in a judgment by infringing the terms of the mortgage loan agreement, especially on failure to make timely mortgage loan payments.

Forensic Accounting (Contabilidad Forense) : An area of Accounting whose objective is to use accounting records and pertinent evidence, auditing techniques, and investigative skills to conduct investigations into embezzlement and other frauds.

Form of Business (Forma de un Negocio) : A business is classified to be part of one of the three basic forms of businesses: *Sole proprietorship, partnership or corporation.* The form is dictated by the composition of the business equity. See: *Kind of business and Type of business.*

Franchise (Franquicia) : A privilege acquired through a contract by which a *franchisor* grants a *franchisee* the right to use its know-how, trade mark, business organization and business image for a membership fee plus annual remunerations for the length of the contract. The annual payments could be a fixed amount or variable ones based on a percentage of sales of the franchisee. Franchises may be granted for a definite period of time, an indefinite period or perpetually; and the territory may be specific, ample or unlimited. The franchisee records the costs associated with the acquisition of the *franchise* right as an *intangible asset*

Free Cash Flow (Flujo de Fondos Libres) : The net cash provided by the company's operating activities, adjusted for capital expenditures and dividends paid during the period

Free from Encumbrances (Libre de Gravamen) : It is said of a property not attached to any encumbrance, i.e.: a lien or a mortgage.

Freight-In (Gasto de Transporte - Compras) : The cost of transportation of goods purchased that is absorbed by the buyer on a FOB Shipping Point transaction. If the periodic inventory system is used by the company, the expense is debited to the *Freight-In* account; if the perpetual inventory system is used, the cost is added to the *Merchandise Inventory* account.

Freight-Out (Gasto de Transporte - Ventas) : The cost of transportation of goods sold that is absorbed by the seller on a FOB Destination transaction. The expense is an operating expense debited to the *Freight-Out* (or *Delivery Expense*) account. When the seller pays the freight charges or owns the delivery vehicles, it usually builds in the shipping cost in a higher unit price for the goods.

Full Disclosure Principle (Pricipio de la Divulgación Plena) : An accounting principle that requires that companies give an explanation embodied in the financial statement or report, like an expanded heading or a footnote, or attaches an exhibit containing a fact, opinion or detail required or helpful for the accurate interpretation of the statement or report by its users.

Fully Diluted Earnings per Share [Ganancia Neta por Acción Totalmente Diluida]: The amount of current earnings per share that represents the maximum dilution that would have resulted from assumed conversion or exercise of common stock equivalents and dilutive senior securities of companies that have a complex capital structure. Fully diluted EPS are presented in addition to primary EPS figures and because the denominator in the computation is larger they will always be less than the primary EPS. Computations should exclude those securities whose conversion, exercise, or other contingent issuance would have the effect of offsetting loss per share for the period. That is, no anti-dilution should be recognized.

Fund (Fondo) : **(1)** An asset or group of assets within an organization that are kept or recorded separately for specified purposes or use, for example: *Petty Cash Fund, Bond Sinking Fund, Pension Fund.* **(2)** Funds of the Government and of Non-Profit organizations to maintain separate records of assets, liabilities (if any), income and expenses corresponding to monies received or entrusted to them for specified purposes or use. Funds require a periodic *statement of changes in fund balance*. See: *Fund Accounting*.

Fund Accounting (Contabilidad de Fondos) : A system of accounting for funds in not-for-profit institutions and governmental units that consists of a general fund and several specific purpose funds.

General Fund (Fondo General) : A fund with no restrictions to management for its use as long as all expenditures are part of an approved fiscal budget of the entity. See: *Fund Accounting.*

General Journal (Diario General) : A two-column (debit and credit) journal used to record all transactions that do not belong to any of the four special journals.

General Ledger (Libro Mayor) : A three-column (debit, credit and balance) ledger that has a page for each of the accounts contained in the *balance sheet* and the *income statement*, plus the *Owner's Drawings* and *Income Summary* accounts. Each page has, in addition to the name and code of the account, three columns to the left for: Date, Explanation and Reference.

Generally Accepted Accounting Principles - GAAP (Principios de Contabilidad Generalmente Aceptados-PCGA) : A set of conventions, rules and procedures generally recognized as guidelines for financial statement preparation that have substantial authoritative support. In the U.S. the support comes from the Financial Accounting Standards Board (FASB).

Generally Accepted Auditing Standards - GAAS (Estándares de Auditoria Generalmente Aceptados-EAGA) : The standards dealing with measures of quality of performance of the auditing procedures to be carried out in external audits by public accountants, as approved and adopted by the AICPA. They are: general standards, standards of field work and standards of reporting. These standards, ten in total, are to be the same for every audit engagement.

General Partner (Socio General) :   A partner who has the right to participate in the management of the partnership and has unlimited liability for its debts.

Gift Tax (Impuesto sobre Regalos) :   A tax to a donor on a gift over an exempted amount per year to each separate donee. Married taxpayers are entitled to separate gift exemptions per year.

Going Concern Assumption (Asuncion de Continuidad) :   The right of the users of financial statements to believe that the firm will continue to operate indefinitely if its closing in a near future has not been disclosed in notes to the financial statements submitted for the purpose of obtaining credit or financing.

Goodwill (Valor de los Factores Comerciales Favorables) :   An intangible asset made up of several favorable characteristics or special situations that belong to a business and that it is assumed that they are the cause of producing higher profits within the industry or the ambience in which such business operates. It is difficult to put a value on each of the components of this intangible asset, but they have a joint market value that must be paid when the net tangible assets of a business are purchased. Examples of such favorable characteristics and or special situations are: desired location, managerial skills, able and kind employees, good quality and prices in tune with the product or service. Legal rights granted to the business are not part of the goodwill, i.e.: patents, trademark, etc.

Gross Profit (Ganancia Bruta) :   **(1)** For a merchandiser is the excess of net sales over the cost of goods sold; **(2)** For a manufacturer is the excess of net sales over direct costs and factory overhead.

Gross Profit Method (Método de la Ganancia Bruta) : One of the two methods available to companies using the periodic inventory system to obtain *monthly estimates of cost of goods sold and ending inventory*, by applying an *estimated percentage of gross profit* to net sales to obtain the estimated gross profit with which the *estimated cost of goods sold* is determined, which then is subtracted from the cost of goods available for sale to obtain the *estimated ending inventory*.

Gross Profit Ratio (Porcentaje de Ganancia Bruta) : Gross profit expressed as a percentage. It is calculated by dividing the amount of gross profit by the amount of net sales.

Guaranteed Bonds (Bonos Garantizados) : Bonds for which a party other than the issuer agrees to pay the periodic interest and/or the face value at maturity in the event that the issuer fail to make these payments.

Glossary H

Hedge (Cobertura) : Any purchase or sale transaction made subsequent to a similar sale or purchase made, or under contract, in order to offset the effect or transfer the risk of price fluctuation.

Hedge Fund (1.- Fondo de Inversión Libre - 2.- Fondo para Protección contra Pérdidas) : A hedge fund is a partnership of investors, usually registered as a limited partnership that is: **1.-** An entity created to pool large sums of money to invest in stock and debt securities they think are going to rise in price, selling them when they think they will decline, so they will be getting net capital gains from both the rise and fall in prices. **2. -** An entity that is created for the purpose of increasing the possibility of building up capital gains while reducing the risks of losses by fluctuations of interest rate, commodity prices and currency exchange rates. The fund is operated by its general partners who should deal only with normal transactions.

Held-to-Maturity Securities (Valores Poseidos hasta su Vencimiento) : Debt securities classified as long term investments as they were purchased by the investing company with the intent to hold them to their maturity date. Long term investments in securities are made by companies that do not experience liquidity problems.

High-Low Method (Método Alto-Bajo) : A mathematical procedure for separating the variable cost from the fixed cost in mixed costs. The procedure uses pairs of total costs and total activity, incurred at the high and low levels (months) of activity, to calculate variable cost per unit first in order to get total variable cost for the chosen months and then the fixed cost by subtraction from the total mixed costs.

Holding Company (Sociedad de Cartera) : A controlling company without a trade or business of its own. See: *Parent Company*.

Home Office or Main Office (Oficina Principal) : Headquarters of an enterprise that has operations at different locations under one ownership. All the other locations are managed and supplied with inventories and fixed assets by the home office. Accounting integration between home office and branch records is attained by using reciprocal accounts.

Horizontal Analysis (Análisis Horizontal) : A trend evaluation of the data of the individual financial statements of a company corresponding to two different periods, one of them designated as the base year. The purpose of the analysis is to determine the changes (increases or decreases) between the two periods, expressed in either absolute numbers or in percentages.

Idle Capacity (Capacidad no Utilizada) : The unutilized productive potential, calculated as the difference between the available capacity and the actual utilization level of a plant or a production unit.

Impairment of Value (Reducción Permanente del Valor) : Reduction of the market value of an asset whose value recovery is improbable, thus considered permanent, leaving the market value significantly less than the net book value; the drop requires that the estimated recoverable cost be written down with immediate recognition of the loss. Future depreciation is to be calculated on the new adjusted book value.

Income (Ingresos o Renta) : Operating and non-operating revenues of a business during the accounting period. See: *Net Income and Income from Operations.*

Income from Operations (Ingresos de Operaciones) : Operating revenues in excess of the related operating expenses of the business during the period. It is obtained by subtracting *cost of goods sold* and *operating expenses* from *net sales*. See: *Other Income.*

Income Ratio (Proporción de Distribución de Ganancia/Pérdida) : The basis agreed to by the partners in the partnership agreement for the distribution of net income or loss of the period, or of the remainder after allocating salaries and interest, to the partners. The relationship can be expressed in percentages (60%, 40%), fractions (3/5, 2/5) or proportions (6:4).

Income Statement (Estado de Rentas y Gastos) : A financial statement that reports a summary of revenue and expenses for a specific period of time, such as month or a year; The excess of revenue over expenses is called *net income*, while the excess of expenses over revenue is called *net loss*.

Income Summary (Resumen de Rentas y Gastos) : A temporary account used only at the end of the fiscal period to close out all revenue and expense accounts. This account is also immediately closed against the Retained Earnings account of a corporation, or against the capital(s) account(s) of a sole proprietorship or partnership.

Income Tax (Impuesto sobre la Renta) : A tax on the annual taxable income of a natural person, corporation or other non-exempt entity. The tax rate often varies with the character and amount of the taxable income on which is based.

Indenture (Contrato de Derechos y Obligaciones Recíprocos) : A written agreement that lays out the reciprocal rights and duties of the parties involved. See: **Bond Indenture.**

Independent Contractor (Contratista Independiente) : An individual who contracts to do a job on his own and can not be included in the definition of employee found in Circular **E** (Publication 15) of the Internal Revenue Service.

Indirect Labor (Mano de Obra Indirecta) : Compensation to workers that have no physical association with the finished product, or for which it is impractical to trace the costs to the goods produced.

Indirect Materials (Materiales Indirectos) : The raw materials whose cost would be impractical to trace to the manufacturing costs of the goods because they are either insignificant to the finished product total cost, or have no physical association with the finished product.

Indirect Method (Método Indirecto) : A method to determine the *net cash generated by operating activities* in preparing a *Statement of Cash Flows* of the period. It consists of starting with the *net income* of the *income statement* under the *accrual basis* and changing it to the *cash basis* by adjusting *net income* for those items of revenues and expenses not involving cash and for changes in the ending balances of accounts of current assets and current liabilities during the period. See: *Direct Method.*

Individual Retirement Account (IRA) [Cuenta Personal de Retiro (CPR)]: A motivating savings plan that allows taxpayers to either defer part of their taxable income (Traditional IRA) or receive tax free earnings from qualified contributions to the account when the distributions are received after age 59-1/2 (Roth IRA). See: *Traditional IRA, Roth IRA, and SIMPLE Retirement Plans.*

Insolvency (Insolvencia) : The economic business or personal condition that puts a company or an individual to operate in an illiquid state, thus raising doubts about its ability to meet all of its obligations, or to survive over a long period of time.

Installment Method (Método de Ventas a Plazos) : A method used to record revenues from installment sales for the purpose of deferring income taxes. Under the installment method, gain from the sale is prorated and recognized over the years in which payments are received. If a sale qualifies for the installment method of reporting gains on the tax return, the seller must use it or else affirmatively decline to use it. Separate trade accounts receivable as well as specific unearned revenue accounts for installment sales are normally used in recording installment sales.

Intangible Asset (Activo Intangible) : A long-lived asset without physical existence whose possession gives its owner a competitive advantage. Its value arises from the rights and built-in benefits conferred upon the owner. Among those rights and built-in benefits are: *patents, copyrights, trademarks and trade names, franchises, licenses and goodwill. See:* ***Accounting for Goodwill.***

Interim Audit (Auditoria Interina) : (1) An audit of an interim period (month or quarter) or partial fiscal year; **(2)** part of a complete audit conducted prior to the conclusion of the fiscal accounting period to be covered.

Interim Report (Reporte Interino) : A report at any date other than the end of the fiscal year; For example: a report of a corporation's sales, net income and a few other items covering an interim period (month or quarter) or year to date figures. The report usually contains a warning as to a number of contingencies attached to its figures.

Interim Financial Statement (Estado Financiero Interino) : An unaudited financial statement prepared as at any date, or for an interim period (month or quarter) within a fiscal year or other regular reporting period.

Internal Auditor (Auditor Interno) : A member of the Internal Audits Department of an organization who does reviews of compliance with the company system of internal controls. Some of the work of the internal auditors is usually used by external auditors to reduce the cost of the annual audit.

Internal Control (Control Interno) : A system that consists of a well designed accounting system, a control environment and control procedures that separate incompatible functions to provide assurance that: errors and irregularities may be discovered with reasonable promptness which gives reliability to the financial statements; effectiveness and efficiency of operations is maintained; adherence to managerial policies is encouraged; and lapses in compliance with laws and regulations are avoided.

International Accounting Standards Board (IASB) [Junta Reguladora de Contabilidad Internacional (JRCI)] :
A global standard-setting body with headquarters outside the USA that issues accounting standards adopted by many countries outside of the United States. These countries are not subjected to the standards of the **FASB.**

Inventory Systems (Sistemas de Inventarios) :
The two systems that are available to companies to account for merchandise inventory balances and cost of goods sold. They are: *The perpetual inventory system* and *the periodic inventory system.*

Inventory Turnover (Rotación de Inventarios) :
A liquidity ratio of a company that tells the number of times that its average inventory was replaced during the fiscal period. The ratio, expressed in number of times, is computed by dividing the *cost of goods sold* by the *average inventory for the year*. A ratio of 3 means that the company rotated (replaced) its average inventory 3 times during the year, or every 4 months or every 120 days.

Inventory Valuation (Valuación de Inventarios) :
The determination of the cost of the inventory of raw materials, goods in process, finished goods, merchandise held for resale, and supplies by using one of the three inventory costing methods (FIFO, LIFO, average cost), or the specific identification basis, or the LCM basis. The specific identification basis is only used in valuing the inventory of a business with a small number of items in inventory.

Investing Activities (Actividades de Inversión) :

Statement of Cash Flows activities that include: **(a)** purchase and disposal of investments and property, plant and equipment, and **(b)** lending money and collecting the loans by companies that are not financial institutions.

Investments by Owner (Inversiones del Dueño) :

Resources of the business provided by the owner at the start or subsequently to increase total assets or reduce liabilities.

Investment Portfolio (Cartera de Inversiones) :

A collection of items of stock and/or debt securities of other corporations held for investment purposes that intends the dual objective of generating revenues while minimizing the risk of loss.

Job-Order Costing (Sistema de Acumulación de Costos por Orden de Trabajo) : A cost accounting system used to accumulate the cost of manufacturing an order or batch of products. The total cost of the job consists of actual costs for direct materials and direct labor plus applied manufacturing overhead cost. See : *Process Cost System.*

Joint Costs (Costos Comunes) : Costs incurred in the production of joint products. Since they can not be tracked in each of the complementary products, they must be imputed by convention to assign each commodity or service its closest share of cost.

Joint Venture (Empresa Conjunta) : An informal partnership formed by two or more persons or entities for and until a specific business project is undertaken. After the project is completed the informal partnership is terminated.

Journal (Libro Diario) : Any accounting book of original entry of daily transactions. There are four special journals (Purchases, Sales, Cash Receipts and Cash Disbursements) and the General Journal.

Journal Entry (Entrada de Diario) : Debit(s) and credit(s) to the accounts that correspond to a transaction being recorded on a journal under the double-entry system.

Just-in-Time (JIT) Inventory [Inventario Justo A Tiempo (JAT)] : An Inventory sub-system used by some manufacturers in which components are manufactured or purchased just in time for their use. This strategy allows economies in plant material handling and inventory maintenance costs.

Glossary K

Keogh Plans (Planes Keogh) : Retirement plans for self-employed persons (sole-proprietors and general partners) that allow current deductions from gross income for contributions to such plans in a way similar to the employee plans under Sec. 401 (k). These plans are covered by Sec. 401 (c) of the IRS Code. They were named after Congressman Keogh.

Kind of Business (Clase de Negocio) : A business is classified to be part of one of the three basic kinds of businesses: *Service, merchandising or manufacturing* company. The kind is dictated by the main line of activity of the company. Businesses with more than one line of activity are classified by the activity with the largest participation of sales; for example: A beauty salon that sells some merchandise would be classified as a service business. See: *Form of business and Type of business.*

Kiting (Volando la Cometa) : A scheme that used to be done by dishonest employees who used to draw and cash a check of one company bank account for personal use, covering it with a deposit of another check of another bank account which was also covered with another check of another bank account; the process could go on indefinitely among several banks; a minimum of three different banks were needed by those employees who did the kiting. The scheme could also be carried out by persons residing in different cities who could agree to exchange checks with each other without having enough funds, enjoying an interest free "loan" for a few days. The unauthorized "borrowing" of money was possible because of the time it took the banks to clear checks prior to the implementation of the present banking technology.

Labor Quantity Variance (Variación Atribuida al Uso de la Mano de Obra) : The variance in cost associated with a difference between the standard and the actual quantity of direct labor used. Responsibility for labor quantity variance is assigned to production managers.

Labor Rate Variance (Variación Atribuida al Costo Unitario de la Mano de Obra) : The variance in cost associated with a difference between the standard and the actual rate paid for direct labor. Responsibility for labor rate variance is assigned to the budget unit in charge of developing standard labor rates, but it is usually due to higher wages in new labor contracts after the production budgets were prepared.

Land (Terrenos) : The investment in real estate intended for use in the operations of the business. It includes all necessary costs paid by the buyer, as: cleaning and leveling costs, demolition of old construction, etc. It also includes land improvements paid by the seller before he/she sold the real estate, but it does not include buildings or other limited life assets.

Land Improvements(Mejoras a Terrenos) : The cost of: clearing, grading, sewer, water pipes, gas lines, paving and sidewalks, fencing, and other items paid by the owner of the land or by a lessee who signed a long-term lease.

Lapping (Plegamiento de Pagos de Clientes) : A type of fraud that used to be committed by employees trusted with both the cash and accounts receivable records who delayed the recording of a cash receipt, but made the deposit in order to cover up a shortage created in the actual cash on hand by a previous receipt not deposited. They used to take advantage of the time needed by banks to process customers' deposits and a poor company internal control.

Last In–First Out (LIFO) [Ultimas en Entrar-Primeras en Salir (UEPS)]: A cost flow method using the assumption that the inventory units sold are from the latest goods purchased, so they are the first ones to be allocated to *cost of goods sold* and the *ending inventory* is priced using the *oldest units purchased.*

Law of Partnerships (Código de las Sociedades de Personas) : A business law that applies to the rights and obligations of partners not covered in a lawful written partnership agreement, and to the rights and obligations of third parties and partnerships in their business transactions. State partnership laws are superseded by the Uniform Partnership Act if such state is a participant of the UPA.

LCM (Lower of Cost or Market)[CMMB (Costo o Mercado, el Más Bajo)]: See: *Lower of Cost or Market.*

Lead Time (Plazo de Entrega o de Iniciación de Producción) : The total time necessary for a purchaser to receive ordered materials from a vendor after placing a purchase order on agreed terms to ship or deliver. Also, the time to be elapsed between adopting a plan of operation or production and actual production initiated, including the time for the acquisition of materials and getting the facilities ready.

Leasehold Improvements (Mejoras a Bienes en Arrendamiento) : The cost of the betterments to leased property to increase its usefulness. Such expenditures should be amortized over the service life of the improvement or the remaining life of the lease, whichever is shorter.

Ledger (Libro de Contabilidad) : Any accounting book of final entry. See: *General Ledger* and *Subsidiary Ledger.*

Legal Capital (Capital Legal) : The capital stock of a corporation.- See: *Capital Stock.*

Lessee (Arrendatario) : The person or entity with contractual right to use property owned or otherwise controlled by another person or entity called the lessor.

Lessor (Arrendador) : The person or entity which contracts for another person or entity to use the property it owns or otherwise controls according with the term of a lease.

Letter of Credit (Carta de Crédito) : A document used in international transactions by which a bank authorizes an exporter to draw funds on it in payment for specified goods sold to a foreign country client once such goods have been delivered to the purchaser abroad. The authorization given to the exporter by its bank is guaranteed by a correspondent bank abroad in which an importer deposited or will ultimately deposit an equivalent amount in local currency.

Letter of Representation (Carta de Representación) : A formal letter issued to the auditor by the client's management acknowledging that the financial statements are their responsibility and that all important matters have been communicated to the auditor during the course of the engagement and are true to the best of knowledge and belief of management. This letter is required on every audit under generally accepted auditing standards.

Leveraging (Apalancamiento) : See: *Trading on the Equity.*

Liabilities (Pasivos) : The debts and obligations of a business incurred by purchasing goods or services on account, obtaining financing from lenders, or somehow becoming liable in the process of operating a business. Liabilities represent the claims of trade creditors and other third parties on the assets of the business. They are classified in two groups: *current liabilities* and *long term liabilities.*

Limited Liability Company (LLC) [Compañía de Responsabilidad Limitada (CRL)] : A business made up of partners known as members who are given limited liability after complying with general liability insurance requirements dictated by the Department of State for the protection of creditors and the general public. The members must possess good business records.

Limited Liability Partnership (LLP) [Sociedad Profesional de Responsabilidad Limitada (SPRL) : A partnership of professionals made up of partners who are given limited liability after complying with malpractice insurance requirements dictated by the Department of State for the protection of their clients.

Limited Partner (Socio Limitado) : A partner who does not have the right to participate in the management of the partnership, but in turn has limited liability for the debts of the firm. His/her risk is limited to his/her balance in his/her personal capital balance in the partnership.

Limited Partnership (Sociedad Limitada) : In the U.S. is a partnership that has received permission to have limited partners. It must have one or more general partners who have unlimited liability and one or more limited partners who have limited liability for the obligations of the firm. The purpose of this kind of partnership is to affiliate many partners with limited liability to increase capital.

Liquidating Dividend (Dividendo Liquidador) : A dividend declared out of an account of *Paid-in-Capital* due to insufficient credit balance in the *Retained Earnings* account. Some states do not permit liquidating dividends.

Liquidity Ratios (Coeficientes de Liquidez) : Ratios that measure the ability of a company to pay its maturing short-term liabilities timely, as well as meeting any unexpected need of operating cash. The four basic liquidity ratios are: *Current ratio, Acid-Test (Quick) ratio, Receivables Turnover* and *Inventory Turnover.*

Loan Covenants (Pactos en Contrato de Préstamo) : Specific conditions in a loan agreement that the borrower must comply with during the term of the loan. Violation of any of those conditions will give the lender the right to terminate the agreement and demand immediate payment of the balance, or to renegotiate the loan's terms.

Long Term Investments in Securities (Valores de Inversiones a Largo Plazo) : Investments in securities (debt and equity) that are not intended to be readily marketable as they have been acquired by management to generate periodic revenues during the time of the investment, expected to be greater than one year or the operating cycle, whichever is longer.

Long Term Liabilities (Pasivos a Largo Plazo) : Those debts of the business that are expected to be paid after one year or after the business operating cycle if this one lasts more than one year, counting from the date of the balance sheet.

Lower of Cost or Market (LCM) [Costo o Valor de Mercado, el Más Bajo (CMMB)]: An inventory valuation method that recognizes impairment of asset values as the current replacement cost of some inventory items is lower. Under **LCM** the inventory of merchandisers of *high ticket items* is stated at the lower of either its ***cost*** or its ***current market value.*** The rule applies to individual items or groups of like items. The method is not applicable to low price items.

Glossary M

Managerial Accounting (Contabilidad de Gerencia) :
A field of Accounting overlapping with the Financial Accounting that provides numerous internal reports on subunits of the business to help users make decisions about their companies as the information on these reports is compared to budgeted amounts.

Manufacturing Costs (Costos de Manufactura) : Items of fixed and variable costs of a manufacturing or processing operation; also known as product costs. They are grouped in three categories: *direct materials, direct labor* and *manufacturing overhead.*

Manufacturing Expense (Gasto de Manufactura) :
Costs of manufacturing other than direct materials and direct labor; also called: *factory expense, indirect expense* or *factory overhead.* See: *Manufacturing Overhead.*

Manufacturing Overhead (Gastos Indirectos de Manufactura) : Manufacturing costs that indirectly are cost elements of a product. They include all product costs other than direct materials and direct labor.

Margin of Safety (Margen de Seguridad) : The targeted amount by which actual or expected sales revenue are to exceed the necessary sales at the break-even-point. This "cushion" (excess) can be expressed in dollars or a ratio.

Market Interest Rate (Tasa de Interés del Mercado) : The prevailing rate of interest in the debt securities market, which investors demand for loaning funds to the issuer of bonds.

Marketable Securities (Valores de Inmediata Disponibilidad) : Short-term investments in securities (debt and equity) that are readily marketable and intended to be used as a resource of cash within one year or within the operating cycle, whichever is longer.

Master Budget (Presupuesto Principal) : A budget which links and consolidates all budgets that are prepared, putting together a budgeted income statement, a budgeted balance sheet, a cash flow budget, and a capital budget for the budget period.

Matching Principle (Principio de la Correspondencia) : The principle of identifying related revenue and expense with the same accounting period under the concept that efforts (expenses) should be matched with accomplishments (revenues). Accountants make accrual and deferral entries when closing the period, invoking the principle of matching. This principle is also known as the *Expense Recognition Principle*.

Material Price Variance (Variación Atribuida al Precio de los Materiales) : The variance in cost associated with a difference between the standard and the actual price paid for direct materials. Responsibility for materials price variance is assigned to purchasing managers.

Material Quantity Variance (Variación Atribuida al Uso de los Materiales) : The variance in cost associated with a difference between the standard and the actual quantity of direct materials used. Responsibility for material quantity variance is assigned to production managers.

Materiality (Materialidad) : The relative importance given by the auditor to errors or irregularities found during the course of an audit. Errors result from careless recording, while irregularities result from misapplications of GAAP, departures from fact, or omissions of necessary information.

Maturity Date (Fecha de Madurez) : (1) The date when a note payable, including interest, must be paid by the maker to the payee; **(2)** the date when a bond must be redeemed by the issuer.

Maturity Value (Valor en la Fecha de Madurez) : The amount that a borrower must pay the creditor on the due date of a note or the maturity date of a bond. The maker of a note payable must pay the payee the sum of the face value and the interest; a bond issuing company must pay the bond holder only the principal amount of the bond (face value).

Medicare Tax (Contribución a Medicare) : A flat-rate tax (1.45%) being levied since 1965 on the earned income of employees to provide individuals over 65 years age with medical benefits. The tax is paid equally by the employee and the employer (2.9% in total).

Merger (Fusión) : The fusion of two or more companies by direct acquisition of the net assets of the other or others by the surviving company that gets bigger while the other or others lose its (their) legal entity(ies). Mergers take place within the same industry or with companies in unrelated industries or between a company and its supplier or its customer.

Minority Interest (Interés de la Minoría) : The remaining ownership interest in a subsidiary whose parent company have acquired less than one hundred percent of its stock. That portion of the equity that belongs to stockholders other than the parent company is listed after liabilities and before stockholders equity on the consolidated balance sheet of the two companies (parent and subsidiary) that have elected to continue separate existences after the acquisition of the majority of the stock of the subsidiary by the parent company.

Mixed Costs (Costos Mixtos) : Costs that represent a combination of both fixed and variable cost elements. They change in total, but not proportionately with changes in the activity level.

Modified Accelerated Cost Recovery System (MACRS) [Sistema Modificado de Recuperación Acelerada del Costo]: The present accelerated depreciation method for tax purposes, approved by Congress in 1986, in effect since January 1, 1987, replacing the **ACRS** (Accelerated Recovery System) that was prescribed in the Economic Recovery Act of 1981. See: *Accelerated Depreciation*

Monetary Unit Assumption (Asunción de la Unidad Monetaria) : The right of the users of financial statements to believe that companies only include in their accounting records transaction data that can be expressed in terms of money.

Mortgage Bond (Bono Hipotecario) : A bond secured by mortgaged real estate owned by the issuer of bonds. The mortgage must remain until the bonds are redeemed. See: *Secured bonds.*

Mortgage Notes Payable (Hipoteca a Pagar) : Long term notes signed by a borrower together with a mortgage that pledges title to specific assets as security for a loan.

Multiple-Step Income Statement (Estado de Rentas y Gastos Clasificado) : An Income Statement that distinguishes between *operating* and *non-operating activities* and also shows partial totals for: *Gross Profit, Gross Income, Income from Operations and Income before Income Taxes (corporations) before Net Income.*

Municipal Bonds (Bonos Municipales) : Bonds issued by a municipality (city or town) in the U.S.A.

They attract mainly investors in a high income tax bracket because the interest they pay is exempt from federal income taxes and in many states they are income tax free for residents as well.

<u>Mutual Fund (Fondo Mutuo)</u> : An investment service corporation organized under state laws and subject to SEC regulations that serves as a management company or unit investment trust which is used by conservative investors to spread the risk of their investments. Mutual fund distributions and capital gains are subject to special treatment in the IRS Code as income from a Regulated Investment Company (RIC).

Net Book Value (Valor Neto en Libros) : The difference between the gross amount of an asset or a liability account and its valuation account. Examples are: Equipment and Accumulated Depreciation-Equipment; Bond Payable and Discount on Bonds Payable.

Net Income (Ganancia Neta) : The positive number resulting when comparing revenues with costs and expenses of a business, being the costs and expenses less than the revenues during the period reported, such as a month or a year.

Net Loss (Pérdida Neta) : The negative number resulting when comparing revenues with costs and expenses of a business, being the costs and expenses greater than the revenues during the period reported, such as a month or a year.

Net Operating Loss (NOL) [Pérdida Neta de Operaciones (PNO)] : A NOL is the excess of business deductions (computed with certain modifications) over gross income during the fiscal year. *Sec. 172* of the Internal Revenue Code (*IRC*) contains rules that allow taxpayers to use a NOL from one tax year as a deduction in another tax year. The NOL provision was primarily designed to provide relief for trade or business losses, so individuals do not have a NOL created by excess of itemized deductions (except casualty losses) and exemptions over income from salaries and wages. The NOL can be carried back 2 years and forward 20 years. NOL deductions must be recomputed so those tax preferences that make up a NOL are not a factor in reducing the alternative minimum tax (AMT).

Net Operating Profit (Ganancia Neta de Operaciones) : Net profit for the period that excludes *non-operating activities,* referred to as *other revenues* *and gains* and *other expenses and losses* on the multiple step income statement See: ***Net Income***.

Net Pay (Pago Neto del Empleado) : The amount the employer must pay directly to the employee for his/her services. It is equal to gross pay minus payroll deductions.

Net Purchases (Compras Netas) : The cost of purchases plus freight-in, less return and allowances and cash discounts taken.

Net Sales (Ventas Netas) : Sales less Sales Returns and Allowances less Sales Discounts.

Net Worth (Patrimonio de una Persona) : The wealth of a person; It is equal to the excess of his/her assets at market value over his/her liabilities at a given date. See: ***Owner's Equity.***

Net Worth Statement (Estado del Patrimonio de una Persona) : A statement of financial condition that details the wealth of a person; It reports the assets, liabilities and net worth at a specific date. The assets are reported at market value.

Nominal Capital (Capital Nominal) : The amount of capital represented by the par or stated value of a corporation's issued stock.- See: ***Capital Stock***

No Par Value Stock (Acciones sin Valor Nominal) : Shares of capital stock which have not been assigned a face amount in the charter of the corporation. Usually a declared or stated value is given to them.

Non-operating Activities (Actividades No Operacionales) : The various activities, that are unrelated to the company's main line(s) of operations, causing revenues, expenses, gains and losses during a period.

Non-profit Corporation (Corporación sin Fines de Lucro) : An incorporated non-profit organization, or an incorporated non business entity having a policy that no stockholder or trustee should share in the excess of revenues over costs and expenses, if any, of the entity. See: *Non Profit Organization.*

Non Profit Organization (Organización Sin Fines de Lucro) : A private organization whose organizers have no intention of obtaining a profit or getting personal economic benefit, but to assist the general public, a specific community or a group of individuals. Its operation requires the approval of the Internal Revenue Service of the U.S.A. before the start of operations- See: *Exempt Organizations.*

Notes Payable (Pagares Por Pagar) : A liabilities account to record obligations with vendors or with lending institutions for which promissory notes have been signed by the company.

Notes Receivable (Pagares Por Cobrar) : An account of assets to record receivables from debtors who have signed promissory notes in favor of the company.

Notes to Financial Statements (Comentarios sobre los Estados Financieros) : Additional information on financial statement supplied to financial analysts, stockholders and general readers, usually a narrative, necessary for better understanding or for comparisons of financial statements, as required by the full disclosure principle of Accounting. See: *Footnotes.*

NSF Check (Cheque sin Fondos) : Nonsufficient funds check (NSF) is a check not honored by the drawer's bank because the drawer's account balance is less than the amount of the check.

Non Operating Income (Ingreso No Operacional) :

Income derived from sources other than the business regular activities. See: *Other Income*.

Operating Activities (Actividades Operacionales) : Activities of the period that affect net income, reported on the *statement of cash flows* as *net cash provided by operating activities*. They include the result of transactions that create revenues and expenses (**net income**) on the accrual basis, adjusted for the amounts of those revenues and expenses not involving cash, and for changes of current assets and current liabilities balances in the current period (*indirect method*), or the reporting of cash inflows and cash outflows by converting each item of the income statement from the accrual basis to the cash basis to show the *operating activities cash inflows and outflows (direct method).* See: *Investing Activities* and *Financing Activities.*

Operating Budget (Presupuesto de Operaciones) : A budget covering estimated recurrent revenues and expenses for the targeted period.

Operating Cycle (Ciclo de Operaciones) : The elapsed time in days or weeks between the purchase of inventories (raw materials or merchandise) and their conversion into cash.

Operating Lease (Contrato de Arrendamiento Operacional) : A fixed asset rental agreement giving the lessee temporary use of the property with continued ownership of the property by the lessor. Periodic payments are recorded as *rental expense* by the lessee. The leased property is depreciated by the lessor. See: *Capital Lease.*

Organization Costs (Costos de Organización) : Any costs incurred in planning and establishing a corporation or other form of organization, i.e.: incorporation fees, legal and accounting fees, printing of stock certificates, etc.

Other Income (Otros Ingresos) : Called *Other Revenues and Gains* are revenues reported on the income statement of a business after *the Income from Operations*; examples are: *interest on* *customer's notes and overdue accounts receivable, interest from debt securities, dividends from minor investments, and capital gains.*

Other Receivables (Otras Cuentas por Cobrar) : All *non-trade receivables* other than Notes Receivable are regarded as *Other Receivables*. A separate account in the current assets section of the general ledger should be used for each category of other receivables, i.e.: *Loans to Officers, Advances to Employees, Security Deposits, Income Tax Refund Receivable, Interest Receivable, etc.*

Outstanding Checks (Cheques Sin Cobrar) : Checks issued and recorded by the account holder that had not been paid by the bank as of the closing date of the bank statement.

Outstanding Shares (Acciones en Circulación) : See: *Outstanding Stock.*

Outstanding Stock (Acciones en Circulación) : Capital stock in the hands of the public, or issued capital stock less treasury stock.

Over applied Overhead (Gastos Generales Indirectos Aplicados en Demasía) : The amount by which the applied overhead charged to the Work in Process Inventory account exceeds the actual overhead incurred during the period.

Overhead Rate (Tasa de Gastos Generales Indirectos) : A standard rate at which overhead costs are allocated or applied. See: *Predetermined over head rate.*

Owner's Drawings (Retiros – por el Dueño) : Name of the account used to record withdrawals of cash or other assets of an unincorporated business, made by the owner for personal use during the fiscal year.

Owners' Equity (Patrimonio de la Empresa de un solo Dueño) : The owner's claim on total assets; It is calculated by deducting the liabilities of the sole proprietorship from total assets. . See: *Owner's Equity Statement.*

Owners' Equity Statement (Estado de Patrimonio del Dueño de un Negocio : A financial statement that summarizes the changes in owner's equity for the accounting period. It consists of the beginning capital, plus additional contributions (if any), plus (minus) net income (loss), minus drawings, and the ending capital.

Glossary P

Paid-in Capital (Acciones Suscritas y Pagadas) : The total amount of cash, non cash assets, and services contributed to a corporation by its stockholders in exchange for capital stock. It is usually divided between *capital stock (legal capital) and additional paid-in capital.*

Par Value (Valor Nominal) : The face amount of the shares of stock assigned in the charter of the corporation, if any. When par value is assigned it becomes the *legal capital* per share of the corporation.

Par Value Method for Treasury Stock (Método del Valor Nominal para Acciones Propias Readquiridas) : A method seldom used to account for treasury stock that views the purchase and subsequent disposition of the company's own common shares as two distinct transactions. The *treasury stock* is reported at *nominal value* (par or stated value). If the amount paid to reacquire shares of common stock is higher than nominal value, the difference is *debited* to either an account of Additional Paid-in Capital called *Paid-in Capital in Excess of Par Value* or to *Retained Earnings*; If the amount paid to reacquire shares of common stock is lower than nominal value, the difference is *credited* to the Additional Paid-in Capital account called *Paid-in Capital from Treasury Stock;* Reissued shares are *credited* to *Treasury Stock* for their nominal value and the difference between sale price and nominal value, if any, is *credited or debited* to the Additional Paid-in Capital account called *Paid-in Capital from Treasury Stock.* Since Additional Paid-in Capital accounts should not have a debit balance, any amount over the *Paid-in Capital from Treasury Stock* credit balance is *debited* to *Retained Earnings.* See: *Cost Method for Treasury Stock.*

Par Value Stock (Acciones con Valor Nominal) : Shares of capital stock which have been assigned a face amount, within limits set by law, in the charter of the corporation.

86

Parent Company (Compañia Matriz) : A company that owns all or a majority of the common stock of (at least one) other corporations called subsidiaries.

Partner's Capital Deficiency (Deficit de un Socio) : A debit balance in the personal capital account of a partner resulting from higher sum of drawings and losses than the sum of his/her capital contributions plus net incomes credited to his/her account.

Partners' Capital Statement (Estado del Capital de los Socios) : A financial statement that summarizes the changes in each partner's capital account and in total partnership capital during the year. It has several columns, one for each partner and one for the total. Each column has lines for: the beginning capital, plus additional contributions (if any), plus/minus net income (loss), minus drawings, and the ending capital. See: *Partnership's Equity.*

Partner's Drawings (Retiros – por un Socio) : Name of the account used to record withdrawals of cash or other assets of a partnership, made by a partner for personal use during the fiscal year.

Partner's Substitution (Substitución de un Socio) : A personal transaction between the withdrawing partner and a new partner who replaces him/her with the approval of the remaining partners. A journal entry is required to eliminate the withdrawing partner's account and to create the new partner's account. This transaction does not change the total assets or total capital of the partnership. Any capital gain or loss of the withdrawing partner in the sale of his/her interest is a personal one and does not affect the accounting records of the partnership.

Partnership (Sociedad de Personas) : A business association of two or more individuals who put together their capitals, know-how and efforts in one business to share its profits or losses according to an established contractual relationship (partnership agreement), either in writing, verbally or implicitly. See: *Partnership Agreement.*

Partnership Agreement (Escritura de la Sociedad de Personas) :

A binding written contract expressing the voluntary agreement of two or more individuals in a partnership. In the U.S., the document must be signed before a notary public and remains valid until the partnership is dissolved. . See: *Uniform Partnership Act (UPA).*

Partnership Dissolution (Disolución de la Sociedad de Personas) :

Is caused by a change in partners due to substitution, addition, or withdrawal, which does not necessarily terminate the business. If the business continues, a new partnership is formed and a new partnership agreement must be signed by all the partners of the new partnership.

Partnership's Equity (Patrimonio de la Sociedad de Personas) :

The partners' claim on total assets; It is calculated by deducting the liabilities of the partnership from total assets. . See: *Partners' Capital Statement.*

Partnership Liquidation (Liquidación de la Sociedad de Personas) :

The process of ending both the legal and the economic life of a partnership. The winding-up process includes sale of noncash assets, payment of liabilities, and distribution of the remaining cash or other assets to the partners.

Patent (Patente) :

An exclusive right granted by the federal government to an inventor to produce and sell the items subject of an invention for a period of 20 years from the date of the grant. The right can be sold to a third party by the owner during the grant period, but can not be renewed; however, an inventor may seek a new patent for a similar but modified item.

Payment Date (Fecha de Pago) : The date set by the board of directors to mail out checks for, or to pay electronically, dividends to the shareholders listed on the record date schedules. On this date the account Dividends Payable is debited and Cash is credited.

Payout Ratio (Proporción de Pago de Dividendos) : A ratio that shows the percentage of earnings (net income) distributed to common shareholders in the form of cash dividends; It is computed by dividing cash dividends by net income of the fiscal year.

Pension Fund (Fondo de Pensiones) : A fund set up for the future payment of annuities of employee pensions, consisting of cash and investments in securities, the income from which accrues to the fund. The fund receives annual cash contributions from the company. A pension fund is a restricted asset.

Percentage of Completion Method (Método del Porcentaje de Ejecución) : A method commonly used on long term construction contracts with which the company allocates annually revenues and costs to projects in proportion to the job completion, measured by costs incurred or engineering estimates.

Performance Bond (Seguro de Cumplimiento) : An insurance bond (policy) required in significant construction contracts to cover pecuniary damages suffered by the owner of the property being built or restored due to non-conforming execution, failure to complete or late completion if the construction contractor is found to be at fault. The purchase of the bond of indemnity is an expense of the contractor. The bond amount is determined by the owner of the property.

Period Costs (Costos del Periodo) : Costs incurred during the fiscal period, not identified with product costs. They are classified in two groups: *selling expenses and administrative expenses.*

Periodic Inventory System (Sistema de Inventario Periodico) : Is a system in which detailed inventory records are **not** maintained throughout the accounting period, and the true *cost of goods sold* is determined only at the end of the accounting period when a total physical inventory count is taken to determine the *ending merchandise inventory* (cost of items on hand that belong to the company). The *cost of goods sold* for the year is calculated by using a schedule that shows *beginning inventory, purchases during the period, goods available for sale, ending inventory and cost of goods sold. Monthly ending inventories and costs of goods sold for the months from one to eleven* must be estimated with the use of one of the two existing methods for estimating inventories: *The gross profit method or the retail price method.*

Permanent (Real) Accounts [Cuentas Permanentes (Reales)] : Accounts whose balances at the end of the accounting period are carried forward to the next accounting period. They include all balance sheet accounts with the exception of the owner's drawing accounts, cash dividends, scrip dividends and stock dividends. See: *Temporary Accounts.*

Perpetual Inventory System (Sistema de Inventario Permanente) : The *perpetual,* or *permanent,* or *continuous inventory* is a system in which records of the quantity and the cost of each inventory item is maintained throughout the accounting period and beyond, and detailed individual records which serve as a subsidiary ledger show the inventory that should be on hand continuously after each sale or purchase of inventory items. Companies that use this system make partial scheduled physical counts only for internal control and to adjust the records if necessary.

Petty Cash Fund (Fondo de Caja Menor) : A relatively small, but sufficient, amount of cash on hand used for minor cash purchases or payments under the control of a trusted employee of the company.

Physical Inventory (Inventario Físico) : A list detailing the physical count of the merchandise or materials owned to ensure the accuracy of the inventory reported in the financial statements. Such physical counts are made by unit count, weight, or measure, as required.

Physical Units (Unidades Físicas) : The number of units entering or leaving the process to be accounted for during a period in a *process costing system*, regardless of amount of work performed on the work in process units. The units entering the process are the sum of the beginning work in process units plus the new units transferred in. The units leaving the process are the sum of the finished units plus the ending work in process units.

Plant Assets (Activos de Planta) : See: *Fixed Assets.*

Pooling of Interests (Unificación de Intereses) : A method of accounting for mergers and acquisitions with which the balance sheets (assets, liabilities and owners' equity) of the two combining companies were added together and netted into a new or modified organization on combination date. They remained substantially unchanged. *No goodwill* was created. This method, totally phased out on December 15, 2009, was preferred over the *purchase method* because reported earnings were higher under the *pooling of interests method*. See: *Purchase Method.*

Post-closing Balance Sheet (Balance General Post-Cierre) : A balance sheet whose details and balances of permanent accounts are final after year-end and audit adjustments have been recorded and revenue and expense accounts have been closed out.

Post-closing Trial Balance (Balance de Comprobación Post-Cierre) : A list of permanent accounts and their balances after a company has journalized and posted closing entries.

Posting (Registros en el Libro Mayor) : The process of transferring the debits and credits from the journal entries recorded in journals to the accounts of the general ledger and its pertinent sub-ledgers.

Predetermined Overhead Rate (Tasa Predeterminada de Gastos Generales Indirectos) : The amount per unit used as a factor for the actual chosen operating activity to get the **(applied) manufacturing overhead** to be charged to the **Work in Process Inventory** account. Such rate has been calculated by dividing the estimated (budgeted) annual overhead costs by the expected (budgeted) annual operating activity.

Preemptive Right (Derecho Preferente) : The privilege granted to existing stockholders either by the articles of incorporation or by-laws, or by state common law to subscribe for a pro rata share of any new capital stock the corporation is about to issue.

Preferred Stock (Acciones Preferentes) : Shares of capital stock entitled to fixed guaranteed dividends, payable before common stock dividends are paid. They have priority over common shares in case of liquidation, but have no voting rights.

Prepaid Expenses (Gastos Prepagados) : Asset account(s) in the books of the buyer to record the amount of cash paid in advance for expenses (of goods or services) not yet received or consumed (i.e.: prepaid orders of supplies, prepaid future entertainment, prepaid maintenance), or that will become expired costs in the future (i.e.: prepaid insurance, prepaid rent).

Present Value (Valor Presente) : The amount calculated to be the *value now* of an investment taking into account the time value of money. For its calculation it is necessary to know *the time* and the transaction *interest rate*. The present value (*market value*) of a commercial bond is equal to the *present value of the principal* to be received at maturity *plus* the *present value of the interest* to be received periodically over the term of the bond contract.

Present Value of Interest (Valor Presente del Interes) : The *value now* of the interest to be received periodically over the term of the bonds. For its calculation or to find it in a *present value of an annuity of 1* table, it is necessary to know *the time* and the transaction *interest rate*.

Present Value of the Principal (Valor Presente del Capital) : The *value now* of an investment in bonds to be received at maturity. For its calculation or to find it in a *present value of 1* table, it is necessary to know *the time* and the transaction *interest rate*.

Price-earnings (P-E) Ratio[Coeficiente de Precio-ganancia neta (P-GN)]: A coefficient showing the relationship between the market price and the earnings per share of common stock, used for comparative profitability analysis; It is computed by dividing the market price of the stock by the earnings per share.

Price Variance (Variación Atribuida al Precio) : The variance in cost representing the difference between the standard cost and the actual price paid for product input (direct materials and direct labor). Responsibility for materials price variance is assigned to purchasing managers. Labor price variance usually is due to higher wages in new labor contracts after the production budgets were prepared.

Prime Cost (Costo Primo) : The sum of the costs of direct material and direct labor only entering into the manufacture of a unit or of a job order.

Prime Rate (Tasa Preferencial) : The interest rate offered by commercial banks on loans to preferred customers.

Premium on Bonds Payable (Prima de Bonos por Pagar) : A parallel account following Bonds Payable in the general ledger which is used to record the premium collected from bondholders above face value. The premium is demanded from the bondholder to adjust down the contractual interest rate to the market interest rate, and it is equal to the difference between the selling price of the bond and its face value.

Prior Period Adjustment(s) [Ajuste(s) del Periodo Anterior] : Adjustment(s) to item(s) of the Income Statement of a prior period discovered to be in error after the publication of that period's financial statements. The correction is presented as (an) adjustment(s) of the opening balance of *retained earnings* on the *Retained Earnings Statement* and excluded from the determination of net income for the current period.

Privately Held Corporation (Corporación Privada) : A corporation whose shares are not authorized to be transacted in the stock market. It is also known as a **closed corporation** because its shares belong to a small group of stockholders who are not interested in admitting unknown individuals.- See: *Public Corporation.*

Process Cost System (Sistema de Costos por Etapas) : A cost accounting system that groups costs of similar products by department, work center, or work cell, and those costs are averaged over units produced in such processes or operations. The system is used for products that are mass produced in a continuous fashion for which the job order costing is not appropriate. See: ***Job Order Costing.***

Product Costs (Costos del Producto) :

The costs of the necessary elements to manufacture a finished product. They are: ***direct materials, direct labor and manufacturing overhead.***

Production Cost Report (Reporte de Costo de Producción) :

An internal report for management that shows both production quantity and cost data for a production department.

Profitability Ratios (Coeficientes de Rentabilidad) :

Ratios that indicate the capacity of a company to generate earnings from its operations. These coefficients analyzed separately or in conjunction with other earning power measures for more than one fiscal period can show good or poor managing of the enterprise, independently of the general economic conditions.

Pro-forma Income (Utilidades Pro-forma) :

Income of a period that has been adjusted at the discretion of the company by excluding expense items of the income statement that management thinks are unusual or nonrecurring. The purpose of these adjustments is to improve the bottom line in order to attract investors and creditors.

Pro-forma Statement (Estado Financiero Pro-forma) :

A financial statement showing hypothetical or tentative amounts, or no amounts; or an "as-if" statement prepared for the purpose of displaying a proposed form or possible future financial condition.

Promissory Note (Pagaré) :

An unconditional written promise to pay a certain sum of money on demand or at fixed date in the future, either to the bearer or to the order of a designated person, duly signed by the maker.- See: ***Notes Receivable*** and ***Notes Payable.***

Property Dividends (Dividendos en Bienes) :
See: *Dividends in Kind.*

Proprietorship (Negocio de Un Solo Dueño) : A business owned by one person. Same as *Sole-proprietorship.*

Public Accounting (Contabilidad Pública) : An area of Accounting in which expert accountants offer their services to the general public in matters of accounting, taxation, and business consulting.

Public Corporation (Corporación Pública) : A corporation whose shares are originally available through a fiduciary and then can be transacted at a national stock exchange. It is also known as an *open corporation* because the number of shares is large, and they may be transacted by the general public through stock brokers.- See: *Privately Held Corporation* and *Closed Corporations.*

Purchase-and-Leaseback (Compra-y-Retro-arriendo): A transaction by which a purchaser buys a property and immediately leases the same property back to the seller.

Purchase Discounts (Descuentos de Compras) : An allowable cash discount offered on the sale invoice's terms: i.e.: 2/10, n/30 claimed by the buyer on account for prompt payment of a balance due of that invoice.

Purchase Invoice (Factura de Compras) : The purchaser's copy of the invoice issued by the seller to support sales transactions. This is a required document for all credit sales.

Purchases Journal (Diario de Compras) : A special journal used to record only all items purchased on account. Cash purchases are recorded on the Cash Payments journal.

Purchase Method (Método de Compra) : A business combination accounting method for the recording of a merger or of an acquisition in which the net assets of the acquired company received as consideration are recorded at their FMV at the date of combination in the books of the acquiring corporation, establishing a new basis for them which is consistent with GAAP. Any excess of the purchase price over the FMV of the net identifiable assets is recorded as *goodwill* which must be written off over a period of years with charge to amortization expense. A deferred credit (or "negative goodwill") should be recorded only if the purchase price plus all liabilities are less than all the current assets at their FMV and the noncurrent assets have been written down to zero, except for marketable securities. See: *Pooling of Interests method.*

Purchase Order (Orden de Compra) : A document issued by a company authorizing a vendor to ship or deliver described merchandise, materials or services at a specified price on certain packing , shipping and payment terms previously negotiated between the parties.

Purchase Returns and Allowances (Devoluciones de Compras y Rebajas de Precios) : A *contra account* of the *Purchases account* in the books of the buyer used by companies using a periodic inventory system to accumulate purchase returns and/or money allowances from the seller for items not conforming to the purchase order or which need to be repaired or altered by the buyer.

Glossary Q

Qualified Opinion (Opinion Calificada) : That opinion that an auditor issues when he/she is unable to find competent and sufficient evidence, or that there were restrictions in the scope of the audit that have led him/her to conclude that he/she can not issue an unqualified opinion, and he/she has decided not to opt for a denegation of opinion. A conditional (qualified) opinion must include a sentence with the words *except for* or *with the exception of*, giving the reason(s) for the exception(s).

Quantity Discount (Descuento por Cantidad) : A discount to buyers who place a large purchase order. Sellers expect that large sales save them money in selling expenses and all together improve their cost of goods sold per unit. Transactions are recorded for the amount of the sale or purchase, totally disregarding the "discount" in the accounting records. See: *Volume Discount.*

Quantity Variance (Variación Atribuida a la Cantidad) : A variance in costs (favorable or unfavorable) due to under/over utilization of raw materials and direct labor in the production of goods with respect to the standards for the level of activity of the period analyzed. The responsibility for the calculation of materials use and direct labor use standards rests with the production managers. The quantity variance is also known as the *usage variance.* See: *Volume Variance.*

Quick Ratio (Razón de Liquidez Inmediata) : See: *Acid Test Ratio.*

Rate of Return (Tasa de Rendimiento) : A coefficient representing the percentage of profitability of an investment. It is calculated by dividing the net annual return by the average investment.

Ratio [Proporción (Razón)]: A meaningful relationship between items or components of the financial statements used to evaluate liquidity, profitability and/or long-term solvency of a company. The relationship may be expressed either as a percentage, a rate, or a simple proportion.

Ratio Analysis (Analisis Proporcional) : An examination of ratios of the same period on one or more financial statements for the purpose of evaluating liquidity, profitability and/or long-term solvency of a company, or among several companies.

Raw Materials (Materia Prima) : Goods purchased for use as components of finished products. They either require further treatment or fabrication or could be used as part of an assembly without further processing. They exclude supplies that do not become a part of the product, although these supplies are used in the manufacturing plant.

Rebate (Reembolso Parcial) : A partial refund (allowance) of the price paid for a good (product) or service.

Receivables Turnover (Rotación de Cuentas Por Cobrar) : A liquidity ratio of a company that tells the number of times that the average net receivables of the company were collected during the period. The ratio, expressed in number of times, is computed by dividing the *net sales on account* of the company *during the year* by the *average receivables for the year*. A ratio of 12 means that the company collected its receivables 12 times in average during the year, or once a month or every 30 days.

Record Date (Fecha de Accionistas en Record) : Date when all stock brokers must submit at closing time their records (lists) of outstanding shares of the corporation, if any, indicating: name, address and number of shares of each shareholder for the purpose of dividend payments on payment date.

Registered Bonds (Bonos Registrados) : Bonds that bear the owner's name and address, which are maintained in the records of the corporation, thus facilitating payment of periodic interest and/or face value at maturity by mail, or direct deposit if an application has been filed with the corporation. Transfer of these bonds can only be made by endorsement.

Related Party Transactions (Transacciones entre Partes Relacionadas) : Transactions between the entity in question and persons or entities to whom management wishes to give special treatment (relatives, subsidiaries, trust funds) even in detriment of the economic benefit of the entity, mainly triggered by the desire to strengthen a relationship, for example: sale of real estate property at a price considerably lower than its market value; loan money without charging interest or at a rate lower than the current interest rates. For rules on taxation of gains resulting from related party transactions see *Sec. 1239 of the I.R.S. Code.*

Relevant Range (Rango Pertinente) : A range of values that correspond to the volume or level of activity over which an organization or production unit expects to operate during the budgeted period. Flexible budgets adopt separate values for each range. See: *Cost-Volume-Profit Relationship.*

Remote Event (Acontecimiento Remoto) : A possible future event which in case it happens would become a liability, but whose chance of occurrence is slight.

Reorder Point (Momento de Reordenar) : The level of inventory that hastens a new purchase order. The lead time and the anticipated demand for goods must be known for its calculation.

Replacement Cost (Costo de Reposición) : The current market value of an asset or group of assets with at least equal productive capacity, needed to replace an existing asset or a group of assets that has/have become or is suspected that would become obsolete.

Research and Development (Costs) [Costos de Investigación y Desarrollo] : Expenditures aimed at discovering new knowledge to be used in developing new or improved products or services; or improved processes or techniques. The cost of such activities is charged to an account of operating expenses of the period called *Research and Development,* and not to regular operating expenses accounts, i.e.: salaries and travel expenses, because they were incurred by personnel assigned to R & D projects. If a patent results from R & D activities, only contracted services (i. e.: lawyers' fees) are charged to the *Patent* account.

Reserve (Reserva) : An earmarking of retained earnings, temporary or permanent, evidenced by the creation of a subordinate account of Retained Earnings to indicate to shareholders and creditors that a portion of retained earnings is unavailable for dividends. *Reserve accounts* are *sub-accounts of Retained Earnings*, thus they are found in the Stockholders' Equity section of the balance sheet.

Residual Cost (or Value) [Costo (o Valor) Residual]: See: *Salvage.*

Restricted Fund (Fondo Restringido) : See: *Specific Purpose Fund.*

Restricted Retained Earnings (Superávit-Ganancias Retenidas Restringidas) : Retained Earnings with restrictions for the distribution of dividends to stockholders. Such restrictions, including one for the cost of Treasury Stock, are legal, contractual, or voluntary restrictions. Legal and contractual restrictions are generally disclosed in foot notes to the financial statements. Voluntary restrictions are evidenced by the creation of a subordinate account of Retained Earnings (a reserve account). See: *Reserve.*

Retail Inventory Method (Método de Precios al Detal del Inventario) : One of the two methods available to companies using the periodic inventory system to obtain *monthly estimates* of *ending inventory and of cost of goods sold* by applying a cost to retail ratio to the *ending inventory at retail* (goods available for sale at retail minus net sales) to obtain first the *estimated cost of ending inventory.* The *estimated cost of goods sold* is obtained by subtracting the estimated cost of ending inventory from the goods available for sale at cost. The method requires figures for the goods available for sale both at cost and at retail.

Retained Earnings (Superávit-Ganancias Retenidas) : Name of one of the stockholders' equity accounts used to accumulate corporate earnings (net income and net losses) through its existence and from which dividends are declared and paid to stockholders and appropriations are made for specific purposes.

Retained Earnings Statement (Estado de Superávit-Ganancias Retenidas) : A financial statement that summarizes the changes in the *Retained Earnings* account during the accounting period. It consists of the beginning balance, plus or minus corrections of net income/loss in the prior period (if any), plus (minus) net income (loss) of the current period, minus dividends, and the ending balance.

Return on Assets (Rendimiento de los Activos) : A coefficient that shows the company assets' profitability; This ratio is computed by dividing the fiscal year's net income by the annual average assets.

Return on Common Stockholders' Equity (Rendimiento del Capital Contable) : A ratio indicating the profitability of the common stockholders' investment. This ratio is computed by dividing the fiscal year's net income minus preferred dividends (if any) by the weighted average of common stockholders' equity.

Return on Equity (Rendimiento del Patrimonio) : A ratio that indicates the company's profitability from the viewpoint of the owners or stockholders. This ratio is computed by dividing the fiscal year's net income by the annual average owner's equity.

Revenues (Ingresos o Renta) : Payments received or to be received for the sale of products or services; Revenues cause a gross increase in owner's equity.

Revenue Recognition Principle (Principio del Reconocimiento de Ingresos) :
The principle that requires that revenue should be recognized when earned and not when the cash is received, with the exception of installment sales. See: *Accrual Basis Accounting.*

Reverse Mortgage (Hipoteca Inversa) : Loans made by a financial institution to an old age owner of real estate in need of cash for monthly expenses against his/her equity, without requiring that the property be sold or vacated. The advantage of these loans is the improvement of the owner's liquidity. The disadvantage is the gradual reduction of his/her equity.

Reversing Entry (Entrada Inversa) : An entry made to undo a previously recorded adjusting entry. The amounts previously debited and credited in the adjusting entry are now credited and debited to the same accounts.

Roth IRA [Cuenta Personal de Retiro (CPR) Roth]:

An individual retirement plan that allows limited amounts of annual contributions to a tax free withdrawals account after an initial five-year holding period, if one of a list of requirements is satisfied. Owners of Roth IRAs do not get a tax benefit (exclusion or deduction) in the years of their contributions to the account; but after 59-1/2 years of age, holders can withdraw from the account and never pay taxes on the amounts contributed or on the growth of the investment. See: **Traditional IRA.**

Royalty (Regalia) :

Compensation to the owner of a tangible or intangible asset(s) being used or exploited by other person or entity. Usually a share of the proceeds of the sale of products of a natural resource sold by other than the owner of the land; or of the sale of items manufactured and sold by other than the owner of a right (i.e.: patent, copyright) is given to the owner of the asset. Such share (royalty) is agreed to as either a percentage or as a set dollar amount per unit.

Glossary S

Sale-and-Leaseback (Venta-y-Retro arriendo) : A transaction by which a seller sells its property and immediately leases the same property from the purchaser.

Sales Discount (Descuento de Ventas) : A *contra account* of the *Sales* account used to record the discount amounts taken by customers on account. The prompt payment discount offer should be specified on the payment terms of the seller's invoice on account, for example: (2/10, n/30).

Sales Invoice (Factura de Venta) : The document issued by the seller to support a sales transaction. It is required for all credit sales.

Sales Journal (Diario de Ventas) : A special journal used to record only all sales to customers on account. Cash sales are recorded on the Cash Receipts Journal.

Sales Returns and Allowances (Devoluciones de Ventas y Concesiones de Rebajas de Precios) : A *contra account* of the *Sales account* in the books of the seller used to accumulate *sales returns* and *money allowances* granted by the seller to its clients for items which either do not conform to specifications on the purchase order *(sales returns)* or they need to be repaired or altered by the buyer *(allowances)*.

Sales Revenue (Ingreso de Ventas) : Or simply *Sale* is a business transaction involving the delivery of merchandise, property, a right, or a service in exchange for cash, a promise to pay, or money equivalent. Sales should be recorded at their gross amounts, separate from Sales Discounts and from Sales Returns and Allowances.

Salvage (Salvamento) : Also called *Salvage Value* is the actual or prospective selling price of fixed assets at the end of their useful life; that is, when retired or fully depreciated.

Sarbanes-Oxley Act of 2002 (SOX) [Ley Sarbanes-Oxley del 2002]: Law passed by US Congress in 2002 intended to reduce unethical corporate behavior within American corporations. The law provided reforms to the Accounting profession, corporate governance, and financial disclosure.

Schedule of Cash Payments (Cuadro de Distribución del Efectivo) : A schedule showing step by step the sale of noncash assets and the distribution of cash of a liquidating partnership to creditors and partners.

Scrip Dividends (Certificados de Dividendos Diferidos) : Promissory notes given on payment date to shareholders of record to continue the dividend paying policy when the corporation has a cash shortage at the declaration date. They specify new payment date and rate of interest and are recorded as Current Liabilities if payable within a year.

Second Mortgage (Segunda Hipoteca) : A mortgage on real estate property already encumbered with a first mortgage.

Secret Partner (Socio Anónimo) : A general partner whose capital contribution is unknown to the public but is active in the management of the business.

Secured Bonds (Bonos con Garantía Prendaria) : Also called *Mortgage Bonds* are bonds for which specific assets of the issuer have been mortgaged until they are redeemed.

Securities (Valores Comerciales) : Transferable certificates, especially stock certificates or bonds, issued by corporations seeking financing. They show evidence of the amount of investment in equity (stock) or investment in debt (bonds) or investment in any other certificate traded in on an established exchange.

Securities and Exchange Commission (SEC) [Comisión Reguladora de Valores Comerciales]: A US federal agency since 1934 that oversees public corporations. It requires public corporations to file with the Commission periodic reports that contain financial and related information, including basic financial statement in accordance with generally accepted accounting principles.

Selling Expenses (Gastos de Ventas) : Operating expenses incurred in marketing, selling or delivering goods or services. Examples are: sales personnel salaries, sales commissions, advertising, freight out, sales office maintenance and sales personnel vehicles depreciation. See: *Cost of Goods Sold* and *Administrative Expenses.*

Serial Bonds (Bonos de Serie) : Bonds that are redeemed in installments, as each one of the serials matures, usually in increments of six months or a year.

Shareholder (Accionista) : See: *Stockholder.*

Short Sale (1.- Venta al Descubierto; 2.- Venta Corta) : 1.- Sale of goods or stocks for future delivery as they are not in possession of the seller or available for sale at the time of sale. The seller enters into the transaction expecting to profit from a future decline in the price of the property being promised to deliver at a set price on a future date; **2.** - Sale of a mortgaged real estate property by an "under the water" owner (property market price below the mortgage liability) for a price that is less than the balance of the mortgage loan with the approval of the lender who rather allows the short sale than executing the foreclosure right in the loan contract. Mortgage debt forgiveness due to a short sale may result in taxable income. Refer to IRS Code Sec. 108 (a).

Short-term Investments (Inversiones a Corto Plazo) :
Securities with known maturity dates or easily tradable or other non-inventory current assets bought with excess cash in order to seek some return on the otherwise idle cash. These investments are considered part of the working capital; therefore, it is assumed that they will be converted into cash within a year or the operating cycle, whichever is longer. See: *Long-term Investments*.

Silent Partner (Socio Comanditario) : A general partner who is inactive in the management of the business but is known to the public that he/she is part owner of the business.

SIMPLE Employee Retirement Plans (SEP) [Planes SIMPLES de Retiro para Empleados (PSE)]: SEPs are savings incentive match plans for employees that may be established by employers with 100 or fewer employees who do not maintain another qualified retirement plan. They are: a SIMPLE 401K Plan or a SIMPLE IRA; included are also retirement plans for self-employed individuals (Keogh Plans), also known as H.R.10 Plans. Contributions made to a SEP by an employer on behalf of an employee, up to the deduction limits, are not included in the employee's gross income. Employers, however, may deduct as employee benefit expenses the contributions up to 25% of the compensation paid to the employees during the calendar year; excess contributions can be carried over to, and deducted in, succeeding tax years.

Single-Step Income Statement (Estado de Rentas y Gastos No Clasificado) : An Income Statement with only two broad categories: (**1**) *revenues,* and (**2**) *expenses.* All the elements of expense appear in the same section, thus eliminating intermediate sub-totals as: *Gross Profit, Gross Income, Income from Operations and Income before Income Taxes (corporations).*

Sinking Fund Bonds (Bonos con Garantía de un Fondo de Amortización) : Bonds for which specific assets (cash and investments) accumulate in a sinking fund. These assets are set aside for the purpose of retiring the bonds at maturity date.

Small Business Corporation (Corporación Considerada Negocio Pequeño) : Also known as "S" or "Subchapter S" Corporation is an incorporated business that has elected to pass through its shareholders its items of net income, losses, deduction or credit instead of being taxed at corporate level. To qualify as an "S" corporation the business must be a domestic corporation and comply with the requirements of Section 1371 et seq. of Subchapter S of the Internal Revenue Service Code.

Social Security Tax (Contribución al Seguro Social) : A flat-rate tax being levied since 1937 on the earned income of employees and self-employed individuals to provide workers with retirement or disability income. The tax levied on wages is paid by both the employee and the employer according to rates fixed by the U.S. Congress. The tax levied on self-employed persons is computed on operational net income and is paid entirely by him/her at the SE tax rate. The annual taxable compensation limit per individual is adjusted periodically.

Sole Proprietorship (Negocio de un Solo Dueño) : An unincorporated business owned by only one person. This is the simplest form of business. Owners of sole proprietorships have unlimited liability for the debts of the business.

Solvency (Solvencia) : The economic business condition that puts a company in the position to be able to survive over a long period of time thus guaranteeing the ability to meet all of its obligations currently and in future years.

Solvency Ratios (Coeficientes de Solvencia a Largo Plazo) : Ratios that measure the ability of a company to survive over a long period of time thus guaranteeing payment of long term obligations. These ratios show the present relative amount of debt used in the company's capital structure.

Special Journal (Diario Especial) : A journal used in manual accounting to record daily similar types (groups) of transactions only, so they are posted to the general ledger monthly instead of daily. There are four of these groups of transactions: *purchases on account, sales on account, deposits to the checking account and payments by check.*

Specific Identification Method (Método de Identificación Especifica) : An inventory costing method used by merchandisers with limited inventories of high cost items (i.e.: fine jewelry stores) that can identify clearly item by item from the time of purchase through the time of sale. Companies using this method can accurately determine ending inventory and cost of goods sold.

Specific Purpose Fund (Fondo para Propósito Específico) : A fund in Fund Accounting whose assets may be used only for purposes specified by: **(1)** the donor to a non-profit organization, or **(2)** government legislation if the fund is part of an official budget. The fund records contributions received and income of certain assets (of a non-profit organization), or budget allocations (by the government).

Stated Capital (Capital Establecido) : The amount per share of the total contributed by investors in non-par value stock that corresponds to the stated value per share set by the Board of Directors. Any additional amount per share paid by the original shareholders is credited to a *paid-in surplus (Additional Paid-in Capital) account.* See: *Stated Value.*

Stated Value (Valor Establecido) :

Also called *stated capital per share,* is the discretionary amount per share assigned by the Board of Directors to no-par common stock to establish the *legal capital* amount per share, in those states where allowed. The filing of the *stated value* with the Department of State must be done within the time allowed after the new shares are authorized.

Statement of Cash Flows (Estado de Fuentes y Aplicación de Fondos):

A basic financial statement that reports in-flows and out-flows of cash resulting from *operating, investing* and *financing activities,* and net change in total company's cash during a period. *Significant noncash investing and financing activities* during the period should also be reported at the bottom of the statement.

Stock (Acciones) :

Shares of capital stock (legal capital) of a corporation that make easier the investment as owner in that company.

Stock Certificate (Certificado de Accionista) :

A certificate issued to original shareholders as proof of stock ownership. Its face shows the name of the corporation, the stockholder's name, the class and special features of the stock, the number of shares owned, and the seal and signatures of the authorized corporate officials.

Stock Dividends (Dividendos en Acciones) :

A pro-rata distribution of additional shares of company stock made by the corporation, in lieu of cash, to its stockholders of record, when and if there is sufficient balance in the *Retained Earnings* account to cover the distribution. The value of the *stock dividends* is transferred from the *Retained Earnings* account to the *Common Stock* and *Paid in*

Capital in Excess of Par-Common Stock accounts in the *Paid-in Capital* group. Assets are not affected.

Stockholder (Accionista) : Owner of shares of stock (common or preferred) of a corporation.

Stockholders' Equity (Patrimonio de la Sociedad Anónima) : The difference between the assets and the liabilities of the corporation. It consists of two groups of accounts: **1. - *Paid in Capital*,** and **2. - *Retained Earnings*.** If the corporation reacquires some of its own shares in the market, then the cost of those shares is listed separately in a debit balance equity account named ***Treasury Stock***, right below *Retained Earnings*.

Stockholders' Equity Statement (Estado del Patrimonio de la Sociedad Anónima) : A statement that shows the changes in each of the stockholders' equity accounts, and in total stockholders' equity during the year.

Stock Investments (Inversiones en Acciones) : Investment in common stock of other corporations for the purposes of: 1.- Aiming at sources of revenue, or 2.- Looking at having control of the investee. See: ***Cost Method for Investment in Common Stock*** and ***Equity Method.***

Stock Option (Opción de Compra de Acciones) : The right given to corporate officers, underwriters, promoters and employees as compensation for services to purchase a specified number of shares of stock at a stated price during a stated time. The right is expressed in writing and, when it is exercised, the benefit received becomes taxable compensation.

Stock Split (Incremento de Acciones) : The pro rata issuance of additional shares of stock to present stockholders without changing the amount of paid-in capital, or the stockholders' percentage of ownership. A stock split is accompanied by a proportional reduction in the par or stated value per share.

Straight Line Amortization (Amortización en Linea Recta) : A method that calls for writing off an equal amount of bond discount with charge to interest expense or of bond premium with credit to interest expense in each interest period during the life of the bond.

Straight Line Method (Método de Linea Recta) : A method that allocates the total depreciable cost of a fixed asset by charging to expense every period a pro-rata amount of the depreciable cost during the economic life of the asset. This is the simplest way to calculate depreciation expense.

Subchapter S Corporation (Corporación Subcapítulo S) : See: *Small Business Corporation.*

Subordinated Debentures (Bonos Sin Garantía Subordinados) : Bonds which will not be paid until those ones with superior claims have been paid.

Subsidiary (Affiliated) Company [Compañía Subsidiaria (Afiliada)] A company in which more than 50% of its stock is owned by another company.

Subsidiary Ledger (Libro Auxiliar de Cuentas) : A ledger containing individual accounts with a common characteristic, i.e. the Accounts Receivable sub-ledger contains the records (accounts) of all customers on account.

Tangible Asset (Activo Tangible) : Any asset having physical existence, a material property. Among tangible assets are: *Inventories, investments in land and other types of physical property, fixed assets and natural resources.*

Target Net Income (Ganancia Neta Deseada) : The income objective envisioned by management. It represents the sales above the required sales at break-even point.

Tax Accounting (Contabilidad Tributaria) : A branch of Accounting specializing in tax advice, tax planning, preparation and filing of personal, business, and not-for-profit tax returns, for the general public or as an employee of a company or any entity responsible for tax returns. If qualified, the tax accountant may represent taxpayers before government agencies.

Taxable Income (Ingreso Gravable) : Income subject to tax by government tax authorities. It is the adjusted gross income further adjusted by allowable deductions and by personal (individual) exemptions. The taxable income of individual tax payers might be subject to adjustment for certain exclusions and disallowances of certain deductions and credits under the rules of the alternative minimum tax (AMT) of the IRS Code, which increases the annual tax.

Taxation (Contabilidad Tributaria) : See: *Tax Accounting.*

Tax Return (Declaración de Renta) : A declaration of basic information, items of income, deductions, exemptions, credits and tax prepayments of a person or entity filed with a tax authority on a specified date of the year, using official government forms. It must be signed by the filer or its representative.

Temporary (Nominal) Accounts [Cuentas Temporarias (Nominales)]: Accounts whose balances are closed at the end of the fiscal period, and thus have no balance to carry forward. They include all income statement accounts (revenues and expenses), the owner's drawing accounts, cash dividends, scrip dividends and stock dividends. See: *Permanent Accounts* and *Closing Entries.*

Temporary Investments (Inversiones Temporarias) : See: *Short-term Investments.*

Term Bonds (Bonos de un Solo Termino) : Bonds that mature all on the same future date at which time the company's treasurer redeems them by paying each bondholder their nominal value.

Times Interest Earned Ratio (Coeficiente de Recuperación del Costo de Interés) : A solvency ratio expressed in number of times that indicates a company's ability to meet interest payments as they come due; It is computed by dividing income before income taxes and interest expense by interest expense. A ratio of 10 means the company covered its interest expense 10 times with the income before income taxes and interest expense.

Time Period Assumption (Asuncion del Periodo Contable) : The right of the users of financial statements to believe that the information presented in the financial statements was compiled using regular and conventional accounting periods (months, years) and the effects of the transactions were recorded in the period when they occurred. See: *Accrual Basis Accounting.*

Total Cost of Work in Process (Costo Total de Trabajo en Proceso) : The sum of the beginning work in process inventory at the beginning of the period plus total manufacturing costs for the fiscal period.

Total Manufacturing Costs (Costos totales de Manufactura) : The sum of the three components of manufacturing costs added to products being manufactured during the fiscal period. They are: *Direct materials, direct labor and manufacturing overhead.* The first two are actual costs; the third one is an applied cost, using a manufacturing overhead rate.

Total Quality Management (TQM) [Gerencia de Calidad Total (GCT)]: A management approach of implementing a system directed toward continuous improvement with the goal to eliminate or greatly reduce product or service defects, wasted resources caused by defects, poor materials, and wasted time in the manufacturing of finished products or rendering of services.

Trademark (Marca Registrada) : A registered name, term, or symbol used by a business as its distinctive identification and that of its products. Trademark registrations are made with the U.S Patent Office and are good for 20 years. They should be renewed for 10-year periods thereafter.

Trade Name (Razón Social) : The name under which a company carries on business; a business trade name is registered with the Department of State – Division of Corporations. Also, a trade name is the name by which a company's products are known in commercial circles which is generally registered as a trademark. See: *Trademark.*

Trade Payables (Cuentas por Pagar a Proveedores) : Amounts owed to vendors on account, usually due within a short period, i.e.: 30 days.

Trading on the Equity (Ganando con el Patrimonio) : Taking advantage of the company's equity by using it to borrow money at a lower interest rate than the return that can be earned when using the borrowed money.

Trading Securities (Valores Mercantiles) : Securities bought and held primarily for sale within days, expecting to realize gains on short-term price differences. Unsold trading securities balances are adjusted to fair value at the end of each period.

Traditional IRA [Cuenta Personal de Retiro (CPR) Tradicional) : An individual savings plan that allows taxpayers who qualify to make limited annual income deferring contributions to an account from which they can be withdrawn together with the growth of the investment at retirement, but no earlier than 59-1/2 years of age. Owners of Traditional IRAs must report as income amounts withdrawn from the account in the taxable year that they are received. See: *Roth IRA.*

Transactions (Transacciones) : The economic events or conditions of a business that are recognized by journal entries made either manually or electronically by the accounting department on the books of original entry by using the double-entry system. Most transactions are external, but some take place within the company, for example: recognizing depreciation, recording the use manufacturing supplies from the inventory, etc.

Translation Gains -Losses (Ganancias o Pérdidas en Divisas Extranjeras): Gains or losses resulting from the translation of receivables or payables in a foreign currency into U.S. dollars.

Treasury Bonds (Bonos de Tesorería) : (1) A corporation's own bonds that have been issued and subsequently reacquired through the securities market, using corporate funds, to be held by the treasurer for future use; **(2)** bonds authorized but unsold by the corporation.

Treasury Stock (Acciones Propias Readquiridas) : A corporation's own stock that has been issued and subsequently reacquired through the stock market, using corporate funds, to be held by the treasurer for future use. These shares lessen the number of outstanding shares.

Trend Analysis (Análisis Horizontal) : See: *Horizontal Analysis.*

Trial Balance (Balance de Comprobación) : A list of all the general ledger accounts and their balances at a given time to prove that the debits equal the credits after posting, but it does not guarantee freedom from other errors in the journals or account posting in the general ledger. In manual accounting, an adjusted trial balance is useful in the preparation of financial statements before the closing entries are posted.

Trustee (Fideicomisario) : 1.- In general, a trustee is the holder of the legal title of a trust created by a grantor or donor for the benefit of a named beneficiary. 2. - In a bond issue, the trustee is a third party appointed in the indenture (i.e.: a commercial bank), which acts as a mediator between the issuing company and the bondholders. It is responsible for keeping records of original bondholders, maintain custody of unissued bonds, and protect the rights of the bondholders.

Turnover Ratio (Rotación de Cuentas Por Cobrar y de Inventarios) : A liquidity ratio, expressed in number of times, that tells : 1.- The number of times receivables are generated and collected during the year, and 2.- The number of times that the average inventory was sold during the year. See: *Accounts Receivable Turnover Ratio, and Inventory Turnover Ratio.*

Type of Business (Tipo de Negocio) : Businesses are classified by the most simple denomination of its activities, known as type, independently of their *form and kind*; For example: Sole proprietors can be merchandisers dedicated to one of the following types of businesses: *grocery store, flower shop, pizza shop, variety*

118

store, etc. Partnerships that are service companies can be dedicated to one of the following types of businesses: *Law firm, Accounting & Taxation firm, Doctors' Office, Beauty Salon, Tutoring Services, etc.* Corporations that are manufacturers can be dedicated to one of the following types of businesses: *Aircraft manufacturer, furniture factory, book publisher, coat factory, etc.* See: ***Form of business and Kind of business.***

Unamortized Bond Discount (Descuento de Bonos por Amortizar) : The debit balance of the account *Discount on Bonds Payable* which is presented in the Long Term Liabilities section of the balance sheet, after *Bonds Payable*, and is used to determine the *carrying value of the debt* for *Bonds Payable*.

Unamortized Bond Premium (Prima de Bonos por Amortizar) : The credit balance of the account *Premium on Bonds Payable* which is presented in the Long Term Liabilities section of the balance sheet, after *Bonds Payable*, and is used to determine the carrying value of the bonds.

Uncollectible Accounts (Cuentas Incobrables) : Amounts owed to a business that are not expected ever to be collected or collection is highly unlikely. Within a small number of accounts receivable, such accounts are easy to identify; however, in a long list of receivables their amount must be estimated, as it is difficult to name the specific uncollectible accounts.

Under applied Overhead (Gastos Generales Indirectos Aplicados de Menos) : Overhead charged to the Work in Process Inventory account that is less than the actual overhead incurred.

Unearned Revenues [Ingresos Diferidos)] : A liability account in the books of the seller for cash received in anticipation of the delivery of items (i.e. magazine subscriptions), or the performance of services (i.e. sports games), or expiration of time (i.e. insurance policies), which will constitute revenue(s) in the future when these events take place or with the passage of time. This account is also known as *Deferred Revenues.*

Unfavorable Variance (Variación Desfavorable) : The excess of the actual amount over the standard amount of the price paid or quantity used for product input (direct materials, direct labor and manufacturing overhead).

Uniform Partnership Act – UPA (Ley Uniforme para las Sociedades de Personas - LUSP) : A body of laws proposed by the National Conference of Commissioners on Uniform State Laws and adopted by most states, which is intended to cover the basic law of partnerships. See: *Law of Partnerships*.

Unit Production Costs (Costos Unitarios de Producción) : Departmental costs expressed in terms of equivalent units of production of companies that use *Process Costing*.

Unqualified Opinion (Opinion Incondicional) :
Also known as a *clean opinion* is a statement by the independent auditor that after conducting his/her audit in accordance with GAAS, in his/her opinion the audited financial statements fairly present, in all material respects, the financial position, results of operations, and cash flows in conformity with GAAP, including adequate disclosure.

Unsecured Bonds (Bonos sin Garantía Prendaria) :
Also called *debenture bonds,* are bonds issued against the general credit of the borrower.

Utilization Variance (Variación Atribuida al Volumen) : See: *Volume Variance.*

Usage Variance (Variación Atribuida al Uso) :
See: *Quantity Variance.*

Glossary V

Valuation Account (Cuenta de Valoración) :
See: *Contra Account.*

Value-Added Tax (VAT) [Impuesto al Valor Agregado (IVA)]: A method or form of charging indirect sales tax on taxable products and services at each stage of production or distribution, based on the value added at that stage and included in the cost to the ultimate consumer at that point. The VAT is usually rebated to foreign buyers at the port of departure to attract export sales.

Value Chain (Cadena de Valores) : All activities or stages from beginning to end associated with providing a product or service. Companies analyze all stages of a value chain to improve productivity and eliminate waste.

Variable Costing (Método de Costos Variables) : A costing method that excludes fixed manufacturing costs, including the fixed portion of mixed costs as they are considered to be period costs (expenses) of the accounting period. Only variable manufacturing costs (direct and indirect) are considered product costs: direct materials, direct labor and variable manufacturing overhead, i.e.: indirect materials and the variable portion of certain mixed costs.

Variable Costs (Costos Variables) : Costs that tend to remain the same per unit, but vary in total directly and proportionately with changes in the production volume.

Venture Capital (Capital de Riesgo) : Capital that is available for a risky or dangerous undertaking, specially a business enterprise in which there is a high probability of loss as well as chance for a good margin profit.

Vertical Analysis (Análisis Vertical) : An analysis of the relationship between data of the same period within a financial statement. The purpose of the analysis is to determine the relationship(s) between balances of the accounts in the financial statement, expressing each item as a percent of a base amount.

Volume Discount (Descuento por Volumen) : A discount to preferred buyers who place many purchase orders over a stated period of time. The recurrent sales allow the seller to rotate more its inventory and improve its cost of goods sold per unit. Transactions are recorded for the amount of the sale or purchase, totally disregarding the "discount" in the accounting records. See: *Quantity Discount.*

Volume Variance (Variación Atribuida al Volumen) : A variance in fixed overhead cost of the period resulting when actual volume of production is different from the expected level used in the computation of the predetermined fixed overhead rate for product costing purposes. The variance (usually unfavorable) is due to either under utilization of the available capacity or inefficient utilization of it thus affecting the standard fixed overhead cost per unit. See: *Quantity variance.*

Voluntary Reserve (Reserva Voluntaria) : A portion of the Retained Earnings account of a company made unavailable for dividends by the Board of Directors for a planned expansion, or any other justifiable purpose. Retained Earnings restrictions to comply with legal restrictions, contracts, commitments to outsiders, or sustained losses are **not** voluntary reserves.

Warrant (Certificado de Derecho a Comprar Acciones) :
A certificate that entitles the owner to purchase shares of stock of the issuing corporation at a specified price per share within a stated period of time.

Warranty (Garantía) :
A formal promise by a seller of goods or service to make good on a deficiency as to quality, or performance of a product or service within the time allowed. The balance of the current liability account *Estimated Warranty* is updated at the end of each fiscal year against *Warranty Expense*.

Wash Transaction (Transacción Anulativa) :
A transaction that reverses or offsets another transaction shortly after its occurrence, i.e. : wash sales between two persons to eliminate a gain on a security transaction. For rules on disallowance of loss deductions from wash sales see *Sec. 1091 of the I.R.S. Code*.

Weighted Average Method (Método del Promedio Ponderado) :
A method used to compute equivalent units of production which considers the degree of completion (weighting) of the units completed and transferred out and the ending work in process.

Withdrawal of a Partner (Retiro de un Socio) :
A partner may withdraw from a partnership by either (**1**) voluntary departure, or (**2**) reaching mandatory retirement age, or (**3**) being forced out by all other remaining partners due to disagreement, or (**4**) by dying. When a partner dies, payment of his/her equity to his/her estate is made from partnership assets. In the three other cases, payment of his/her equity is made from either (**a**) remaining partners' personal assets, or (**b**) partnership assets. See: ***Withdrawal with Payment from Partners'***

Personal Assets, and Withdrawal with Payment from Partnership Assets; Also, *Partner's Substitution.*

Withdrawal with Payment from Partners' Personal Assets [Retiro con Pago por Otro(s) Socio(s)] :

A personal transaction between the retiring partner and one or more remaining partners. An entry is necessary to remove the retiring partner(s) from the books and to credit the capital account(s) of the remaining partner(s) involved. This transaction does not change partnership's total assets or total capital. Any capital gain or loss of the withdrawing partner in the sale of his/her interest is a personal one and does not affect the accounting records of the partnership.

Withdrawal with Payment from Partnership Assets (Retiro con Pago hecho con Activos de la Sociedad) :

A transaction between the retiring partner and the partnership. An entry is necessary to remove the retiring partner's capital account from the books and record the decrease of the partnership's assets used to pay for his/her withdrawal. The difference between the amount paid and the withdrawing partner's capital balance, if any, is treated as a bonus to the retiring partner or to the remaining partners, which is used to adjust the capital accounts of the remaining partners according to income ratios. This transaction decreases partnership's total assets and total capital.

Withholding (Retención) :

The act of deducting an amount from a salary or wage payment, or from interest, dividends or other payments, to be forwarded by the employer, or payer to federal and/or state tax authorities as per official withholding tables.

Working Capital (Capital de Trabajo) : A financial position that shows the ability to pay current liabilities timely and represents the excess of the current assets of a business over its current liabilities on the balance sheet date. Working capital is computed by subtracting current liabilities from current assets.

Working Papers (Papeles de Trabajo) : Documents prepared or collected by auditors while making an examination which serve as the basis and record of their reports. Such papers include: schedules, analyses, transcripts, memoranda, etc.

Work-In-Process (Trabajo en Proceso) : Also known as *work in progress* or *goods in process* is the inventory of partly finished products of a manufacturing operation. The inventory value is equal to the sum of the costs of direct materials, direct labor and applied manufacturing overhead accumulated to the date of the report.

Workmen's Compensation (Compensación por Accidentes de Trabajo) : A workers' insurance system that covers risks of injury in the course of employment without consideration of the negligence of either party.

Write-Off a Receivable (Cancelar una Cuenta por Cobrar) : To remove an account receivable from the *Accounts Receivable* account and from the *Receivables subsidiary ledger* when said account has been identified as uncollectible.

Glossary X-Y-Z

Year-end Adjustments (Ajustes de Fin de Año) : The necessary adjustments to the general ledger accounts at the end of the accounting period prior to closing the books. See: *Adjusting Entries.*

Yield (Rendimiento de una Inversión) : The effective rate of return on an investment which normally is different from the nominal rate.

Zero-Base Budgeting (Presupuesto Base Cero) : A budgeting system that supposedly ignores the preceding year budget and compels detailed analysis of the current year actual figures when planning and putting together the (projecting) budget; therefore it requires detailed planning and justification of the revenues and expenditures for the various activities and goals submitted by all the managers involved in the preparation of the next period budgets.

Zero Coupon Bonds (Bonos Cupón Cero) : Bonds that are sold at a large discount, calculated from the present value of the nominal value to be paid at the maturity date. They are called "**zero coupon**" because the borrower does not pay periodic interest to the bondholders during the term of the loan as total interest equals the discount. The Tax Reform of 1986 of the U.S.A. stipulates that the holders of these bonds must pay income tax on the annual interest earned whether received in cash or not; therefore, issuers of zero coupon bonds must report annual interest earned to bondholders.

Glosario A

Acciones (Stock) : Fracciones iguales del capital social (capital legal) de una sociedad anónima que facilitan la inversión como propietario(s) de esa compañía.

Acciones Autorizadas (Authorized Stock) : El número de acciones que le han sido autorizadas a emitir a la sociedad anónima, como lo indica la escritura de constitución. En los EE UU la autorización es concedida por el Departamento de Estado.

Acciones Comunes (Common Stock) : Acciones que constituyen la mayor parte del, si no todo el, capital pagado de una sociedad anónima. Ellas no tienen preferencia alguna en cuanto a dividendos o recuperación de la inversión si la compañía se liquidase. Tienen derecho a votación y a exigir declaración y pago de dividendos.

Acciones con Valor Nominal (Par Value Stock) : Acciones de la sociedad anónima a las cuales se les ha asignado un valor nominal, dentro de los limites establecidos por la ley, en su escritura de constitución.

Acciones en Circulación (Outstanding Stock) : Acciones emitidas en poder del público, o sea capital social menos acciones propias readquiridas.

Acciones Preferentes (Preferred Stock) : Acciones de capital social que ofrecen un monto garantizado de dividendos a sus inversionistas, pagaderos con anterioridad a los dividendos de las acciones comunes. También tienen prioridad en la recuperación de la inversión si la compañía se liquidase, pero carecen de derecho de votación.

Acciones Propias Readquiridas (Treasury Stock) : Acciones de una corporación compradas en el mercado de valores con fondos de la misma corporación para uso futuro. Estas acciones reducen el número de acciones en circulación.

Acciones sin Valor Nominal (No Par Value Stock) : Acciones de la sociedad anónima a las cuales no se les ha asignado un valor nominal en su escritura de constitución. A estas acciones generalmente se les asigna un valor declarado o establecido.

Acciones Suscritas y Pagadas (Paid-in Capital) : El monto total de efectivo, inventarios, activos fijos, y servicios contribuidos por los accionistas a cambio de acciones de una sociedad anónima. Generalmente las Acciones Suscritas y Pagadas se registran por su valor nominal o establecido y la diferencia pagada se registra bajo el rubro *Superávit de Capital* que incluye: *Prima de Acciones y Prima-Acciones Propias Readquiridas.*

Accionista (Stockholder) : Dueño de acciones (comunes o preferentes) de una corporación.

Acontecimiento Remoto (Remote Event) : Un posible evento futuro que de llegar a pasar se convertiría en un pasivo, pero cuyo chance de ocurrir es minino.

Acreedor Hipotecario (Encumbrance Holder) : Persona o entidad que posee una hipoteca en respaldo de un préstamo otorgado.

Acta Sarbanes-Oxley del 2002 (SOX) [Sarbanes-Oxley Act of 2002(SOX)] : Ley que fue pasada por el Congreso de los Estados Unidos en el 2002 con la intención de reducir los casos de conducta delictiva en los administradores de las corporaciones. La ley provee reformas al ejercicio de la Contabilidad, gerencia corporativa, y divulgación financiera.

Acta Uniforme para las Sociedades de Personas (Uniform Partnership Act) : Un compendio de leyes propuestas por el Congreso Nacional de Comisionados para las Leyes Estatales Uniformes y adoptado por la mayoría de los estados con el propósito de cubrir las leyes básicas de las Sociedades de Personas. Véase: *Código de las Sociedades de Personas.*

Actividades de Inversión (Investing Activities) : Actividades reportadas en el *estado de fuentes y aplicación de fondos* que incluyen: **(a)** Compras y ventas de activos fijos y de inversiones, y **(b)** préstamos de dinero y cobro de los préstamos por compañías que no son entidades financieras.

Actividades de Financiamiento (Financing Activities) : Actividades reportadas en el *estado de fuentes y aplicación de fondos* que incluyen: **(a)** Emisión o firma de instrumentos de deuda y pago del principal de las mismas, y **(b)** venta de acciones y desembolsos de caja para readquisición de acciones y pago de dividendos.

Actividades No Operacionales (Non-operating Activities) : Aquellas actividades que no corresponden a la(s) actividad(es) de las operaciones principal(es) de la compañía y que causan ingresos, gastos, ganancias de capital y perdidas de capital de un periodo.

Actividades Operacionales (Operating Activities) : Actividades del periodo que afectan el ingreso neto y son reportadas en el *estado de fuentes y aplicación de fondos* como *efectivo neto de actividades operacionales.* Ellas incluyen transacciones que crean ingresos y gastos en la base de causación, ajustadas por aquellos ingresos y gastos que no requieren efectivo y cambios en los activos corrientes y pasivos corrientes durante el periodo (*método indirecto*), o el reporte de las entradas y salidas de efectivo, convirtiendo cada elemento del estado de perdidas y ganancias de la base de causación a la base de caja para mostrar las entradas y los pagos en efectivo por las operaciones (*método directo*).

Activos o Haber (Assets) : Bienes o propiedades (tangibles o intangibles) que pertenecen a un negocio. Los activos se clasifican en: Activo Corriente, Inversiones a Largo Plazo, Activos Fijos (Bienes de Propiedad, Planta y Equipo) y Activos Intangibles. Una parte de los activos del negocio le pertenece a los acreedores (Pasivo) y el resto es la propiedad real del dueño o los dueños (Capital).

Activo Corriente (Current Assets) : Dinero en efectivo a la mano y en cuentas bancarias más otros activos que la compañía espera sean convertidos en efectivo, o usados a más tardar en un año a través de las operaciones normales del negocio.

Activos de Planta (Plant Assets) : Véase: *Activos Fijos.*

Activos Donados (Donated Assets) : Contribuciones gratis a la compañía hechas por accionistas u otros, usualmente de bienes (terrenos, edificios, valores nominales, etc.).

Activos Fijos (Fixed Assets) : Activos tangibles de larga duración o relativamente permanentes usados en las operaciones normales de un negocio, y no con el propósito de venderlos a los clientes. También se conocen como *activos de planta*, y se agrupan en cuatro categorías principales : *Terrenos, Mejoras a Terrenos, Edificios y Equipo.*

Activo Intangible (Intangible Asset) : Un activo de larga duración que no tiene existencia física, cuya posesión le da a su propietario una ventaja competitiva. Su valor resulta de los derechos y beneficios intrínsecos conferidos al dueño. Entre esos derechos y beneficios intrínsecos tenemos : *patentes, derechos de autor, marcas y nombres registrados, franquicias, licencias y el valor de los factores comerciales favorables (goodwill).*

Activo Tangible (Tangible Asset) : Cualquier activo con existencia física, propiedad material. Entre los activos tangibles tenemos : *Inventarios, inversiones en terrenos y otros tipos de propiedades físicas, activos fijos, y recursos naturales.*

Acumulación de Costos por Etapas (Process Costing) : Véase: *Sistema de Costos por Etapas.*

Admisión de un Nuevo Socio (Admission of a New Partner) : Un nuevo socio pude ser admitido ya sea por: **1)** aporte de activos a la sociedad, o **2)** por la compra del interés de un socio existente. En ambos casos se requiere la aprobación de todos los socios existentes. Véase : **(1)** *Admisión por Inversión, y* **(2***) Admisión por Compra del Interés de un Socio.*

Admisión por Compra del Interés de un Socio (Admission by Purchase of an Interest) : Una transacción personal entre uno o más socios existentes y el nuevo socio con la aprobación de todos los socios no participantes. Se deben hacer las partidas de diario necesarias para remover de los libros el (los) socio(s) saliente(s) y crear las cuentas de capital para el (los) nuevo(s) socio(s). La transacción no cambia el total de activos o el capital de la sociedad de personas.

Admisión por Inversión (Admission by Investment) : Un nuevo socio pude ser admitido por aporte de activos a la sociedad, haciendo que tanto los activos totales como el capital total de la sociedad de personas aumenten; Se requiere la aprobación de todos los socios existentes. Se debe hacer una partida de diario para crear la cuenta de capital del nuevo socio.

Adquisición (Acquisition) : La combinación de dos compañías en una transacción por medio de la cual una firma se convierte en la dueña de todos o la mayoría de los activos netos de la otra mientras ambas mantienen existencias separadas bajo una relación de casa matriz-subsidiaria. La posesión de las acciones de la subsidiaria por la casa matriz se lleva a cabo por medio de dinero efectivo o por el intercambio de certificados de deuda o acciones de capital. Se requieren estados financieros consolidados para los periodos subsecuentes a la adquisición.

Agente Inmobiliario (Estate Agent) : Persona o agencia encargada de vender, comprar o administrar la propiedad finca raíz y cualquier otra propiedad, tangible o intangible, de otra persona o entidad. También se le conoce como *corredor de propiedades.*

Ajustes de Fin de Año (Year-end Adjustments) : Los ajustes necesarios a las cuentas del libro mayor al término del periodo contable antes del cierre de libros Véase: *Asientos de Ajuste.*

Ajuste(s) del Periodo Anterior (Prior Period Adjustment(s) : Ajuste(s) a cuenta(s) del estado de rentas y gastos de un periodo anterior que se descubrieron estar erradas después de la publicación de los estados financieros de ese periodo. La corrección se presenta como un ajuste al saldo inicial de *Superávit Ganancias Retenidas* en el *Estado de Superávit-Ganancias Retenidas* y no entra en la determinación del ingreso neto del periodo actual.

Amortización (Amortization) : (**1**) La eliminación progresiva de una deuda por medio de pagos periódicos; (**2**) la extinción gradual de un gasto pre-pagado, o de una cuenta de valoración (*descuento de bonos o prima de bonos*).

Amortización en Línea Recta (Straight-Line Amortization) : Un método con el cual se cancela (amortiza) una cantidad igual del descuento de bonos con cargo a gastos de interés, o de la prima de bonos con crédito a gastos de interés en cada periodo de pago de intereses durante el término de los bonos.

Amortización-Método de Tasa Efectiva (Effective-Interest Method of Amortization) : También conocido como el *método de interés compuesto*, es un método usado para amortizar el descuento o la prima de bonos que resulta en gastos periódicos de interés crecientes cuando se esta amortizando el descuento de bonos o en gastos periódicos de interés decrecientes cuando se esta amortizando la prima de bonos porque se aplica un porcentaje constante (tasa de interés) al valor neto o consolidado de la deuda actualizada de los bonos.

Análisis de Comportamiento de Costos (Cost Behavior Analysis) : El análisis realizado sobre las tres clases de costos del producto (variables, fijos y mixtos) para determinar las respuestas a cada uno de los diferentes niveles de actividades comerciales estudiados.

Análisis Horizontal (Horizontal Analysis) : Una técnica comparativa de evaluación individual de los estados financieros usada para evaluar la información de una compañía correspondiente a dos periodos diferentes, uno de ellos tomado como año base. Con ella se determinan las variaciones (aumentos o reducciones) entre las cifras de los dos periodos, ya sea en cifras actuales o en porcentajes.

Análisis Proporcional (Ratio Analysis) : Una técnica para analizar razones o proporciones del mismo periodo de uno o mas estados financieros con el propósito de evaluar la liquidez, la rentabilidad y/o la solvencia a largo plazo de una compañía , o entre varias compañías.

Análisis Vertical (Vertical Analysis) : Una técnica comparativa de evaluación de las cifras de un estado financiero en un solo periodo. El propósito del análisis es determinar las relaciones entre las diferentes cifras del mismo estado financiero, expresando cada partida como un porcentaje de una partida designada como base.

Apalancamiento (Leveraging) : Véase: *Ganando con el Patrimonio.*

Arrendador (Lessor) : La persona o entidad que contrata con otra persona o entidad el uso de un activo de su propiedad o el cual controla de acuerdo con los términos de un contrato de arrendamiento.

Arrendatario (Lessee) : La persona o entidad con derecho contractual de usar un activo que es propiedad de otra persona o entidad llamada el arrendador.

Asientos de Ajuste (Adjusting Entries) : Entradas hechas al término del periodo contable para reconocer ingresos devengados o gastos incurridos, en el periodo que ellos pertenecen, de acuerdo con los principios contables de reconocimiento de ingresos y de correspondencia.

Asunción de Continuidad (Going Concern Assumption) : El derecho que tienen los usuarios de los estados financieros de creer que las operaciones de la compañía continuarán indefinidamente si el cierre de operaciones en un futuro cercano no ha sido divulgado en las notas al pie de los estados financieros suministrados para obtener crédito o financiamiento.

Asunción de la Entidad Económica (Economic Entity Assumption) : El derecho que tienen los usuarios de los estados financieros a asumir que estos incluyen solamente activos que pertenecen a tal entidad, que no excluyen ninguna obligación, ni tampoco incluyen actividades propias del dueño o de cualquier otra entidad económica.

Asunción de la Unidad Monetaria (Monetary Unit Assumption) : El derecho que tienen los usuarios de los estados financieros a asumir que solamente hacen parte de las partidas contables de una compañía aquellas transacciones resultantes de eventos económicos externos o derivados de las operaciones que pudieron haber sido expresadas o cuantificadas razonablemente con la unidad monetaria.

Asunción del Periodo Contable (Time Period Assumption) : El derecho que tienen los usuarios de los estados financieros a creer que la información suministrada en los estados financieros fue obtenida usando periodos contables regulares y convencionales (mensuales, anuales) y los efectos de las transacciones fueron registrados en el periodo en que ocurrieron.

Auditoria (Auditing) : El examen de los estados financieros junto con los registros que los soportan (contables y otros documentos), incluyendo las interrogaciones al personal de gerencia y a otros terceros por un contador publico licenciado (CPL) para poder expresar una opinión sobre la veracidad de su presentación.

Auditor Externo (External Auditor) : Un contador publico o firma de contadores públicos que asume un contrato con un negocio para hacer una auditoria o revisión de sus récords y posee independencia total; eso es: él/ella no tiene/tuvo ningún interés financiero, directo o indirecto, durante el período del reporte.

Auditor Interno (Internal Auditor) : Miembro del Departamento de Auditorias Internas de una organización cuya función es hacer revisiones de acatamiento al sistema de controles internos de la compañía. Con frecuencia, parte del trabajo de los auditores internos es usada por los auditores externos para reducir el costo de la auditoria anual.

Auditoria Interina (Interim Audit) : **(1)** Una auditoria de un periodo interino (mes o trimestre) o de un año fiscal incompleto; **(2)** parte de una auditoria completa antes de la conclusión del período contable fiscal que ha de cubrirse.

Balance de Comprobación (Trial Balance) : Una lista de todas las cuentas del libro mayor con sus respectivos saldos a una fecha determinada para comprobar que las sumas de las entradas débitos y créditos hechas de los libros diarios al libro mayor son iguales. En contabilidad manual un balance de comprobación ajustado es útil en la preparación de estados financieros, pero no garantiza que los libros de diario ni las entradas al libro mayor estén libres de errores.

Balance de Comprobación Post-Cierre (Post-closing Trial Balance) : Una lista de todas las cuentas permanentes con sus respectivos saldos después que se han registrado en el libro diario y anotado en el libro mayor las entradas de cierre del periodo fiscal de la compañía

Balance General (Balance Sheet) : También conocido como *Estado de Situación Financiera* es un estado financiero que muestra en unidades monetarias y a una fecha determinada, usualmente el ultimo día del mes o del año, *los activos, pasivos* y *patrimonio* de una entidad o de un individuo.

Bancarrota (Bankruptcy) : La condición financiera de una entidad en la cual los pasivos son mayores que los activos a su valor de mercado. Véase: *Ley de Bancarrota.*

Bonos (Bonds) : Unidades de inversión en deuda a largo plazo que representan una obligación contractual del prestatario (corporaciones comerciales y otras entidades privadas, i.e. universidades, y entidades de gobierno) de pagar a los inversionistas en tales valores comerciales intereses periódicos sobre la suma prestada y el valor nominal de los bonos a la fecha de madurez.

Bonos a Pagar (Bonds Payable) : Una cuenta de pasivos a largo plazo en el libro mayor que registra el valor nominal de los bonos expedidos aun no redimidos.

Bono al Nuevo Socio (Bonus to New Partner) : La prima acreditada a la cuenta de capital del nuevo socio con débitos a las cuentas de capital de los socios existentes, la cual se le otorga, ya sea como recompensa por su contribución de activos tangibles necesitados o por los atributos especiales que el/ella trae a la sociedad de personas, o en compensación por la sobre valorización de las cuentas de capital de los socios existentes (valor de libros mayor que valor de mercado).

Bonos al Portador [Bearer (Coupon) Bonds]: Bonos no registrados en nombre del dueño. Véase: *Bonos No Registrados.*

Bono al Socio Saliente (Bonus to Retiring Partner) : La prima pagada al socio saliente por encima del saldo de su cuenta de capital al momento de su retiro, la cual se le otorga ya sea como recompensa por aceptar ser removido de la sociedad de personas, o en compensación por la sub valorización de su cuenta de capital , resultante del mayor valor de mercado de los activos, o de activos intangibles ocultos (i.e.: goodwill) no reconocidos en los libros.

Bono a los Socios Existentes (Bonus to Old Partners) : La prima que paga el nuevo socio, acreditada a las cuentas de capital de los socios existentes y que se les otorga ya sea como recompensa por la oportunidad al nuevo socio de unirse a la sociedad de personas, o en compensación por la sub valoración de las cuentas de capital de los socios existentes (valor de mercado del negocio mayor que el valor de libros de los activos menos los pasivos).

Bono a los Socios que Continúan (Bonus to Remaining Partners) : La prima que se acredita a las cuentas de capital de los socios que continúan en la sociedad de personas y se deduce de la cuenta de capital del socio que se retira, ya sea como indemnización a los socios que continúan por haber aceptado al socio saliente una salida prematura de la sociedad de personas, o en compensación por la sobre valoración de su cuenta de capital (valor de libros mayor que el valor de mercado), resultante del menor valor de mercado del negocio debido a la decadencia de la reputación del negocio no registrada (la sociedad tiene un record pobre de ganancias).

Bonos Canjeables (Convertible Bonds) : Bonos que pueden ser cambiados por otra clase de valores comerciales de la misma compañía, usualmente por acciones comunes, a opción del propietario de los bonos. La opción de conversión esta estipulada en el contrato de fideicomiso.

Bonos con Garantía Prendaria (Secured Bonds) : Bonos respaldados por activos específicos como garantía colateral por el termino del contrato. Los activos designados como garantía han sido registrados con el estado y no serán liberados hasta que los bonos sean redimidos.

Bonos con Garantía de un Fondo de Amortización (Sinking Fund Bonds) : Bonos respaldados por un fondo restringido creciente creado por la compañía para reunir la cantidad del valor nominal de los bonos que será necesaria para su retiro a la fecha de su madurez. El fondo consta de activos específicos (efectivo e inversiones) que tienen total restricción.

Bonos Cupón Cero (Zero Coupon Bonds) :

También conocidos como *Bonos sin Interés Periódico* son bonos que se venden con un descuento alto, calculado por el valor presente del valor nominal a ser pagado en la fecha de madurez. Se llaman **"cupón cero"** porque no pagan interés periódico durante el termino del préstamo ya que el interés está contemplado en el descuento. La reforma tributaria de 1986 de los EE.UU. estipula que los tenedores de estos bonos deben pagar impuestos sobre el interés anual ganado aunque no haya sido recibido aun en efectivo; por consiguiente, la compañía emisora de estos bonos debe reportar el interés anual devengado por los tenedores de bonos.

Bonos de Series (Serial Bonds) :
Bonos cuyo retiro se hace a plazos, a medida que va madurando cada serie, las cuales tienen fecha de madurez distintas, por lo general con intervalos de seis meses o de un año.

Bonos de Tesorería (Treasury Bonds) : (1)
Bonos de una sociedad anónima readquiridos en el mercado de valores con fondos de la misma sociedad anónima para uso futuro; **(2)** bonos autorizados pero no vendidos por la sociedad anónima.

Bonos de un Solo Termino (Term Bonds) :
Bonos que se vencen todos en una misma fecha futura en la cual el tesorero de la compañía los redime pagando a cada tenedor su valor nominal.

Bonos Garantizados (Guaranteed Bonds) :
Bonos por los cuales otra entidad garantiza el pago de los

interés periódicos y/o el valor nominal a su madurez en el supuesto caso de que el prestatario no pueda pagar.

Bono Hipotecario (Mortgage Bond) : Bono garantizado con la hipoteca de un bien de finca raíz de propiedad de la compañía que emite los bonos. La hipoteca deberá permanecer hasta que los bonos sean redimidos. Véase : ***Bonos con Garantía Prendaria.***

Bonos Municipales (Municipal Bonds) : Bonos emitidos en los EE. UU. por una municipalidad (ciudad o pueblo). Estos atraen mucho a inversionistas con una tasa alta de impuestos sobre la renta porque los intereses recibidos por estos bonos son libres de impuestos federales sobre la renta y muchos estados (provincias) también eximen a sus residentes de impuestos sobre la renta de estos bonos.

Bonos No Registrados [Bearer (Coupon) Bonds] : Títulos de valores de deuda que no están registrados con la entidad emisora. Ya que los intereses periódicos de estos bonos no pueden ser enviados por correo ni acreditados electrónicamente al tenedor de los cupones de los intereses, éste debe ir directamente al fideicomisario de los bonos para recoger su pago a la presentación de los cupones en las fechas programadas.

Bonos Registrados (Registered Bonds) : Bonos que llevan el nombre y la dirección de su tenedor. El bono queda registrado en los récords de la compañía que lo emite, lo cual facilita los pagos de interés periódico y del principal por correo, o por deposito directo a una cuenta bancaria del tenedor si se solicitase a la corporación. El traspaso de estos bonos solo puede hacerse por endoso.

Bonos Rescatables (Callable Bonds) : Bonos sujetos a retiro prematuro a opción de la compañía emisora a un precio pre-establecido. El precio fijado para la redención prematura es siempre mayor que el valor nominal.

Bonos Sin Garantía Prendaria (Debenture Bonds) : También conocidos como *bonos sin respaldo específico* son bonos emitidos sin ningún tipo de garantía, o sea que el inversionista confía en la calificación crediticia del emisor de los bonos.

Bonos Sin Garantía Subordinados (Subordínate Debentures) : Bonos cuyo pago es subordinado al pago de las otras emisiones de bonos que tienen un reclamo superior al de ellos.

Bonos sin Interés Periódico (Bonds with no Periodic Interest) : También conocidos como *bonos cupón cero*, son bonos que no pagan interés periódico. Véase: *Bonos Cupón Cero.*

Bonos Sin Respaldo Especifico (Unsecured Bonds) : Bonos emitidos sin ningún tipo de garantía, o sea que el inversionista confía en la calificación crediticia del emisor de los bonos. Véase: *Bonos sin garantía prendaría.*

Glosario C

Cadena de Valores (Value Chain) : Todas las actividades o etapas desde el comienzo hasta el final en el proceso de proveer un producto o servicio. Las compañías analizan todas las etapas de una cadena de valores con el propósito de mejorar la productividad y de eliminar desperdicio.

Caja Menor (Petty Cash) : Véase: *Fondo de Caja Menor.*

Calificación de Bonos (Bond Rating) : Calificación que oscila de AAA a D hecha por compañías calificadoras de bonos sobre la calidad de emisiones de bonos corporativos y municipales. Las calificaciones reflejan la probabilidad de incumplimiento de cada emisión.

Cambio Contable (Accounting Change) : Un cambio en el periodo actual en **(a)** una norma contable, **(b)** un método contable de estimar, o **(c)** la entidad reportadora, que amerita divulgación y explicación en los reportes financieros publicados; por ejemplo: un cambio en el método de valorizar el inventario final y los costos de mercancía vendida (un cambio de FIFO a LIFO o viceversa).

Cancelar una Cuenta por Cobrar (Write-Off a Receivable) : Remover una cuenta por cobrar de la cuenta de Cuentas Por Cobrar y del libro auxiliar de Cuentas por Cobrar cuando se ha determinado que ella es incobrable.

Cantidad Económica de una Orden (CEO) (Economic Order Quantity(EOQ)) La cantidad que minimiza la suma del costo de adquisición más el costo de poseer los materiales o mercancía. Tal cantidad puede determinarse por el método gráfico o por una formula cuando se conocen los factores del costo de ordenar y del costo de llevar el inventario. El uso de la formula para la CEO es el método preferido. Véase: *Fórmula para la CEO.*

Capacidad no Utilizada (Idle Capacity) : El potencial de producción no utilizado, calculado como la diferencia entre la capacidad total disponible y el nivel de utilización de una planta o de una unidad de producción.

Capital Contable (Equity) : Es la diferencia entre los activos y los pasivos de un negocio. Véase: *Patrimonio de la empresa de un solo dueño, Patrimonio de la Sociedad de Personas y Patrimonio de la Sociedad Anónima.*

Capital de Riesgo (Venture Capital) : Capital disponible para invertir en una empresa riesgosa o peligrosa, especialmente en una empresa comercial que tiene una probabilidad alta de perder dinero como también un chance de obtener un buen margen de utilidad.

Capital de Trabajo (Working Capital) : Posición financiera que indica la capacidad de un negocio de cubrir los pasivos corrientes y es equivalente al exceso de los activos corrientes sobre los pasivos corrientes a la fecha del balance general. El capital de trabajo se calcula simplemente restando el total de los pasivos corrientes del total de sus activos corrientes.

Capital Establecido (Stated Capital) : La cantidad por acción del total contribuido por los inversionistas en acciones sin valor nominal que corresponde al valor establecido por acción por la Junta Directiva. Cualquier cantidad adicional pagada por los accionistas originales es acreditada a una cuenta de **Superávit de Capital (Prima de Acciones)**. Véase: **Valor Establecido**.

Capital Legal (Legal Capital) : El capital social de una corporación.- Véase: **Capital Social**.

Capital Nominal (Nominal Capital) : El capital representado por el valor nominal o el valor establecido de las acciones emitidas de una sociedad anónima.- Véase: **Capital Social**.

Capital Social (Capital Stock) : El valor monetario asignado a todas las acciones de las diferentes clases de capital social emitidas por la sociedad anónima. Esas acciones pueden tener valor nominal o valor establecido (asignado a acciones sin valor nominal), y forman el **capital legal** de la sociedad anónima.

Cargo Bancario (Bank Charge) : Suma cargada por un banco a la cuenta de un cliente por servicios que no han sido ofrecidos de gratis; por ejemplo: manejo de cheques sin fondos, cargos por cobros de pagarés, etc. Estos cargos son exclusivos de interés o descuento.

Cargo Diferido (Deferred Charge) : Desembolso no cargado a los costos de operaciones cuando se incurre sino que es registrado como activos para luego ser amortizado en uno o más periodos futuros.

Cargo por Sobrestadía (Demurrage) : La suma cargada por una autoridad de puerto a una compañía de carga por la detención de un barco, vagón de carga, etc., mas allá del tiempo estipulado para cargar o descargar. Este cargo es usualmente traspasado al dueño de la carga que ocasiona la demora.

Carta de Crédito (Letter of Credit) : Un documento usado en transacciones internacionales por medio del cual un banco autoriza a un exportador a retirar fondos en pago de bienes específicos vendidos a un cliente en el exterior una vez que tales bienes hayan sido entregados al comprador en el exterior. La autorización dada al exportador por su banco esta garantizada por un banco corresponsal en el exterior en el cual un importador depositó o finalmente depositará una suma equivalente en divisa local.

Carta de Representación (Letter of Representation) :
Una carta formal de representación dirigida al auditor, firmada por la gerencia del cliente, en la que el cliente acepta la responsabilidad por los estados financieros y confirma que todos los asuntos importantes han sido comunicados al auditor en el curso de la auditoria y son verdaderos en el mejor conocimiento y entendimiento de la gerencia. Esta carta es requerida en todas las auditorias de acuerdo con estándares de auditoría generalmente aceptados.

Cartera de Inversiones (Investment Portfolio) :
El conjunto de acciones y/o bonos comerciales de diferentes sociedades anónimas adquiridos como inversión con el doble objetivo de generar ingresos mientras se minimiza el riesgo de pérdidas.

Certificado de Accionista (Stock Certifícate) :
El certificado que expide la sociedad anónima a los compradores originales de acciones como prueba de propiedad una parte del capital de la compañía. En su faz contiene, además del nombre del propietario, la clase y cualidades especiales de las acciones, cantidad, y firma y sello del oficial corporativo autorizado. El derecho de propiedad de accionistas subsecuentes se evidencia con los estados de cuenta expedidos por el agente de valores comerciales.

Certificado de Derecho a Comprar Acciones (Warrant) : Un certificado que otorga derecho al dueño para comprar acciones de la sociedad anónima emisora a un precio especificado por acción dentro un periodo de tiempo establecido.

Certificados de Dividendos Diferidos (Scrip Dividends) : Notas promisorias que la sociedad anónima entrega a los accionistas para continuar su política de pago de dividendos si la sociedad anónima pasa por un momento de poca fluidez a la fecha de la declaración. Ellos especifican la fecha de pago y la tasa de interés y se clasifican como Pasivos Corrientes si el compromiso de pago es dentro de un año.

Ciclo de Operaciones (Operating Cycle) : El tiempo transcurrido en días o semanas entre la compra de inventarios (materia prima o mercancía) y su conversión a dinero efectivo.

Clase de Negocio (Kind of Business) : Cada negocio se clasifica dentro de una de las tres clases básicas de negocios: Compañía *de servicio, mercantil o de manufactura.* La clase se determina por la línea principal de actividad del negocio. Los negocios con más de una línea de actividad se clasifican por la actividad que genere una mayor participación de las ventas; por ejemplo: Un salón de belleza que vende alguna mercancía se clasificarla como una compañía de servicio. Véase: *Forma de negocio y tipo de negocio.*

CMMB (Costo o Mercado, el Más Bajo) [LCM (Lower of Cost or Market]: Véase: *Costo o Valor de Mercado, el Más Bajo.*

Cobertura (Hedge) : Cualquiera transacción de compra o venta hecha después de la venta o compra

149

similar que se ha hecho, o esta bajo contrato, con el propósito de anular el efecto de tal transacción o transferir el riesgo de la fluctuación de precio.

Código de las Sociedades de Personas (Law of Partnerships) :

El código comercial que cubre los derechos y obligaciones no contemplados en la escritura de la sociedad de personas correspondientes a los socios, como también a terceros y a la sociedad de personas en sus transacciones comerciales. En los EE.UU. la Ley Uniforme de las Sociedades de Personas (Uniform Partnership Act) suplanta al Código Comercial de las Sociedades de Personas si el estado en que está registrada la firma participa de la LUSP [Ley Uniforma de las Sociedades de Personas (UPA)].

Coeficiente de Capital de Trabajo (Current Ratio) :

Un coeficiente de liquidez de una compañía que permite a sus acreedores potenciales a corto plazo evaluar su capacidad de pagar sus pasivos corrientes con puntualidad; Se calcula dividiendo los activos corrientes por los pasivos corrientes. Un coeficiente de 1.75:1 significa que los activos corrientes superan a los pasivos corrientes en un 75 por ciento.

Coeficiente de La Prueba de Fuego [Acid-Test (Quick) Ratio] :

También llamado *razón de liquidez inmediata*, es una medida más severa de liquidez de un negocio porque excluye de los activos corrientes los inventarios y los gastos pre-pagados por considerárseles que no tienen conversión inmediata a efectivo. La razón se computa dividiendo la suma de Caja más Inversiones a Corto Plazo más Cuentas y Notas a Cobrar (netas) por el total de los pasivos corrientes.

Coeficientes de Liquidez (Liquidity Ratios) :
Razones que miden la habilidad de una compañía de pagar puntualmente sus pasivos corrientes y de enfrentar cualquier otra necesidad imprevista de efectivo relativa a sus operaciones. Los cuatro coeficientes básicos de liquidez son: *Razón de Capital de Trabajo, Coeficiente de la Prueba de Fuego, Rotación de Cuentas a Cobrar* y *Rotación de Inventarios.*

Coeficiente de Precio-ganancia neta (P-GN) [Price-earnings (P-E) Ratio) : Un coeficiente que mide la relación que hay entre el valor de mercado de una acción común y la ganancia neta por acción, usado para análisis comparativo de rentabilidad; Se computa dividiendo el valor de mercado de la acción por la ganancia neta por acción de la compañía.

Coeficiente de Recuperación del Costo de Interés(Times-Interest Earned Ratio) : Un coeficiente de solvencia que mide la capacidad de una compañía de cumplir sin problemas con los pagos futuros de intereses en las fechas previstas; Se calcula dividiendo el ingreso antes de impuestos y del costo de interés por el costo del interés.

Coeficientes de Rentabilidad (Profitability Ratios) : Coeficientes que miden la capacidad de una compañía de tener ganancias en sus operaciones. Estos índices, analizados separada o conjuntamente durante más de un periodo, dan a conocer el buen o mal manejo de la empresa, independientemente de las condiciones económicas generales.

Coeficientes de Solvencia a Largo Plazo (Solvency Ratios) : Coeficientes que indican objetivamente la capacidad de una compañía de sobrevivir durante un

periodo largo de tiempo, garantizando así el pago de pasivos a largo plazo.

Combinación (Consolidation) : La creación de una nueva compañía para adquirir los activos de dos o más compañías que deciden combinarse perdiendo sus identidades legales. Los accionistas de las compañías que desaparecen reciben acciones de la nueva compañía en proporción a su interés anterior.

Comentarios sobre los Estados Financieros (Notes to Financial Statements) : Información adicional sobre los estados financieros suministrada a los analistas financieros, accionistas, inversionistas y lectores en general, usualmente en forma narrativa, que es necesaria para un mejor entendimiento o comparaciones de estados financieros, como lo requiere el *principio contable de total revelación*. Véase: *Notas a Pie de Pagina*.

Comerciante (agente) de Cuentas por Cobrar [Factor] : Una firma o banco que le compra las cuentas por cobrar de otras compañías, con o sin recurso, a un precio descontado (por ejemplo: 98%) y asume la tarea de cobrar las cuentas.

Comisión Reguladora de Valores Comerciales [Securities and Exchange Commission (SEC)] : Una agencia federal de los EE.UU. creada en 1934 que supervisa las corporaciones públicas; Requiere que las corporaciones públicas envíen reportes periódicos a la Comisión que incluyan estados financieros de acuerdo con normas contables generalmente aceptadas.

Comisionista o Agente de Cuentas por Cobrar [Factor] : Una firma o banco que recibe una comisión en forma de descuento por compra en efectivo de las cuentas por cobrar de otras compañías, con o sin recurso.

Un cargo por servicio (comisión) es cargado al dueño de las cuentas por cobrar. Véase : *Comerciante (Agente) de Cuentas por Cobrar.*

Compañía Controladora (Controlling Company) : Una compañía (sociedad de personas o sociedad anónima) que posee mas del 50% de las acciones comunes o del patrimonio de otra entidad lo cual le da el poder de influenciar en sus decisiones y operaciones. Véase : *Compañía Matriz.*

Compañía de Responsabilidad Limitada(CRL) (Limited Liability Company (LLC)): Una compañía formada por socios llamados miembros a quienes se les ha concedido responsabilidad limitada por parte del Departamento de Estado después de cumplir con los requisitos de seguros de responsabilidad a terceros para protección de acreedores y del público en general. Los solicitantes deben poseer buenos récords comerciales.

Compañía Matriz (Parent Company) : Una compañía que posee todas o la mayoría de las acciones comunes de (por lo menos una) otras compañías a las que se les conoce como su(s) afiliada(s).

Compañía Subsidiaria (Afiliada) (Subsidiary (Affiliated) Company): Una compañía controlada por una compañía matriz, la cual posee más del 50% de sus acciones comunes.

Compensación Diferida (Deferred Compensation) : Provisiones para pagos futuros de compensaciones por servicios de los empleados; por ejemplo: Provisiones para planes (fondos) de pensiones, planes de bonos en acciones y planes de ahorros individuales.

Compensación por Accidentes de Trabajo (Workmen's Compensation) : Un sistema de

153

seguro a trabajadores que cubre riesgos de accidentes de trabajo sin tener en cuenta de quien fue la negligencia.

Compras Netas (Net Purchases) : El costo de compras más gasto de transporte del comprador, menos devoluciones y concesiones y descuentos por pronto pago.

Compra-y-Retroarriendo (Purchase-and-Leaseback) : Una transacción en la cual el comprador compra una propiedad e inmediatamente arrienda la misma propiedad al vendedor.

Conservatismo (Conservatism) : Un concepto observado en contabilidad que escoge como la mejor alternativa entre las alternativas contables aceptadas para el registro de eventos o transacciones aquella que conlleva la menor probabilidad de exagerar los activos y/o la ganancia neta.

Contabilidad (Accounting) : **1.** La profesión practicada por contadores que se encargan de identificar, registrar y comunicar eventos económicos de una organización a los usuarios interesados; **2.** El sistema informativo, manual o electrónico, que se usa para acumular las transacciones de una entidad y producir estados financieros y otros reportes de negocio que son útiles en el manejo de la entidad.

Contabilidad de Costos (Cost Accounting) : La rama (o departamento) de Contabilidad encargada de los costos de manufacturación, usados tanto para reportes de gerencia para planeación y control como para tomar decisiones sobre precios de venta. La Contabilidad de Costos también aplica a compañías grandes de servicio.

Contabilidad de Fondos (Fund Accounting) : Un sistema de contabilidad para los fondos de las instituciones sin fines de lucro y para las unidades gubernamentales que consiste de un fondo general y de varios fondos para propósitos específicos.

Contabilidad de Gerencia (Managerial Accounting) :

Un campo de la Contabilidad entrelazado con la Contabilidad Financiera que provee un sin número de reportes internos relativos a las divisiones y departamentos del negocio para ayudar a sus usuarios a tomar decisiones sobre sus compañías pues la información de estos reportes es comparativa con las cantidades presupuestadas.

Contabilidad Financiera (Financial Accounting) : La rama (o departamento) de Contabilidad encargada del registro de activos, pasivos, capital, ingresos (rentas) y gastos con el propósito principal de expedir estados financieros para el uso de inversionistas, acreedores y otros usuarios externos.

Contabilidad Forense (Forensic Accounting) : Un área de la Contabilidad cuyo objetivo es usar los récords contables y evidencia pertinente, técnicas de auditoria y habilidades investigativas del contador para conducir investigaciones sobre desfalcos y otros fraudes.

Contabilidad Pública (Public Accounting) : La profesión ejercida por contadores peritos quienes ofrecen sus servicios al publico en general en asuntos contables, tributarios y manejo de negocios.

Contabilidad Tributaria (Tax Accounting) : La rama de la Contabilidad que se especializa en la conserjería y planeación de futuras obligaciones tributarias, preparación y cumplimiento con las declaraciones de impuestos sobre la renta y otros de personas, negocios y de organizaciones sin fines de lucro, ya sea para el público en general o como empleado de una compañía o de una entidad responsable por declaraciones de renta. Los contadores tributarios que

califican también pueden practicar la representación de contribuyentes ante las agencias de gobierno.

Contaduría (Accountancy) : Véase: *Contabilidad*

Contratista Independiente (Independent Contractor) : Un individuo que contrata un trabajo para hacerlo por su propia cuenta y que no se le puede incluir en la definición de empleado hallada en la Circular E (Publicación 15) del Servicio de Rentas Internas.

Contrato de Arrendamiento/Compra a Plazos (Capital Lease) : También conocido como **contrato de compra financiada** es en realidad una compra de activo(s) fijo(s) financiada por el vendedor. Con el contrato de arrendamiento/compra de activos fijos se transfieren sustancialmente todos los beneficios y riesgos de la propiedad del dueño al inquilino, de modo que el contrato de arrendamiento es en realidad una compra a plazos de la propiedad. El arrendatario registra la adquisición del activo y la deuda al arrendador. Sus gastos consisten de los intereses sobre la deuda y la depreciación de la propiedad. El arrendador trata el contrato como una venta a plazos. Véase: *Contrato de Arrendamiento Operacional.*

Contrato de Arrendamiento Operacional (Operating Lease) : Un contrato de arrendamiento de activos fijos en el que el inquilino disfruta temporalmente del uso de la propiedad que continua perteneciendo al arrendador. Los pagos periódicos de arrendamiento son registrados como gastos (de alquiler) por el arrendatario. La propiedad rentada es depreciada por el dueño. Véase: *Contrato de Arrendamiento/Compra a Plazos.*

Contrato de Derechos y Obligaciones Recíprocos (Indenture) : Un contrato escrito que delinea los derechos y obligaciones recíprocos de las partes implicadas. Véase: *Contrato de Fideicomiso.*

Contrato de Fideicomiso (Bond Indenture) : Un contrato colectivo en el que se especifican los derechos y las obligaciones de la compañía y de los inversionistas en bonos en relación con la emisión de los bonos y que tiene validez hasta la redención de los bonos. Además de los términos básicos impresos en los certificados de bonos, en el contrato de fideicomiso se incluyen cláusulas necesarias para dejar por escrito los mecanismos de pagos, el tipo de bonos, las garantías ofrecidas a los inversionistas, la frecuencia del pago de intereses, el precio a pagar si los bonos pueden ser rescatados por la compañía y el número de acciones que recibirá el inversionista si los bonos son canjeables por acciones en caso de que la compañía o los tenedores de bonos decidan hacer efectivos sus derechos.

Contribución al Seguro Social (Social Security Tax) : Un impuesto gravado desde 1937 con una tasa fija sobre el ingreso devengado por los empleados y trabajadores por cuenta propia para proveer a los trabajadores con un ingreso a su jubilación o incapacidad permanente. El impuesto sobre sueldos lo pagan tanto el empleado como el empleador de acuerdo a las tasas fijadas por el Congreso de los EE.UU. El impuesto a trabajadores por cuenta propia es cargado sobre el ingreso neto de sus operaciones y lo paga el/ella en su totalidad. El límite de compensación anual gravable por individuo es ajustado periódicamente.

Contribución a Medicare (Medicare Tax) : Un impuesto gravado desde 1965 con una tasa fija (1.45%) sobre el ingreso devengado por los empleados para proveer a los individuos mayores de 65 años con cuidado médico. El impuesto lo pagan el empleado y el empleador por partes iguales.

Control Interno (Internal Control) : Un sistema que consiste de un sistema contable bien diseñado, un ambiente de control y procedimientos de control que separan las funciones incompatibles para proveer seguridad de que: los errores y las irregularidades puedan ser descubiertos con prontitud razonable lo cual le da fiabilidad a los estados financieros; la efectividad y la eficiencia de las operaciones es mantenida; la adherencia a las políticas de la gerencia es fomentada; y los lapsus en el cumplimiento de las leyes y regulaciones sean evitados.

Control Presupuestario (Budgetary Control) : El control de los componentes de los presupuestos a varios niveles de responsabilidad con el uso de reportes de presupuestos que comparan los resultados actuales con los objetivos planeados.

Corporación Cerrada (Closed Corporation) : También conocida como *privada* es una corporación cuyas acciones no han de ofrecerse a inversionistas desconocidos. Su número relativamente pequeño de accionistas está encargado a menudo del manejo del negocio activamente y sirviendo como directores. Véase: *Corporación Pública.*

Corporación Considerada Negocio Pequeño (Small Business Corporation) : También conocida como *corporación "S" o "Subcapítulo S",* es un negocio incorporado que ha hecho la elección de pasar a sus accionistas sus ingresos netos, pérdidas, deducciones o créditos en vez de ser gravada a nivel de corporación. Para calificar como una Corporación "S" el negocio debe ser una corporación domestica que reúne los requisitos exigidos por las Secciones 1371 y subsiguientes del Capitulo S del Código de Rentas Internas.

Corporación Privada (Privately Held Corporation) : Una sociedad anónima cuyas acciones no están autorizadas para compra-venta en la bolsa de valores. También se le conoce como **corporación cerrada** porque sus acciones pertenecen a un grupo pequeño de accionistas que no están interesados en admitir a desconocidos.- Véase: **Corporación Pública.**

Corporación Pública (Public Corporation) : Una sociedad anónima cuyas acciones están disponibles originalmente a través de un fiduciario y luego pueden cambiar de dueño en la bolsa de valores. También se le conoce como **corporación abierta** porque sus acciones son numerosas y pueden ser vendidas y adquiridas (transadas) fácilmente por un corredor de bolsa. Véase: **Corporación Cerrada o Privada.**

Corporación sin Fines de Lucro (Non-Profit Corporation) : Una organización caritativa incorporada, o una entidad no comercial incorporada cuya política es que ningún accionista o fiduciario puede participar del exceso de ingresos sobre los costos y gastos de la entidad, si lo hubiere. Véase: *Organización sin Fines de Lucro.*

Corporación Subcapítulo S (Subchapter S Corporation) : Véase: *Corporación Considerada Negocio Pequeño.*

Corredor de Propiedades (Estate Agent) :
Véase: *Agente Inmobiliario.*

Coste Basado en Actividad (CBA) (Activity Based Costing (ABC)) : Un método usado para asignar gastos generales de manufactura en el cual estos se cargan al producto a través de las actividades necesarias en el proceso de fabricación. El método es efectivo porque da un costo del producto más preciso y permite un mejor análisis de la cadena de valores.

Costo Actual de Reemplazo (Current Replacement Cost) : La cantidad de dinero requerida para adquirir en la actualidad un activo que sea idéntico al existente, u otro activo que pueda prestar el mismo servicio del existente. El costo actual de reemplazo no tiene que ser necesariamente más alto.

Costos Comunes (Joint Costs) : Costos incurridos en la producción de productos hechos conjuntamente. Siendo que no se pueden identificar en cada producto, ellos deben ser imputados por convención para asignarle a cada artículo o servicio su parte del costo más aproximada.

Costo de Bienes Manufacturados (Cost of Goods Manufactured) : Es el costo de bienes manufacturados durante el periodo y es igual al costo total de trabajos en proceso menos el inventario final de trabajos en proceso. El costo total de trabajos en proceso es igual al inventario inicial de trabajos en proceso más los costos totales de manufactura del periodo.

Costos de Investigación y Desarrollo (Research and Development (Costs)) : Desembolsos hechos con el propósito de descubrir nuevo conocimiento para ser usado en desarrollar productos o servicios nuevos o mejorados; o en procedimientos y técnicas mejores. Los costos de tales actividades se cargan a una cuenta de gastos de operación llamada **Costos de Investigación y Desarrollo**, y no a las cuentas regulares de gastos de operación, como: salarios y gastos de viaje, porque ellos fueron incurridos por personal asignado a proyectos de I & D. Si resulta una patente de las actividades de I & D, solamente los servicios independientes contratados, por ejemplo: Honorarios de Abogados, son cargados a la cuenta de Patentes.

Costos de Manufactura (Manufacturing Costs) :
Elementos de costos fijos y variables de una operación de manufactura o procesamiento, conocidos también como *costos del producto*. Están agrupados en tres categorías: *materia prima, mano de obra directa* y *gastos indirectos de manufactura.*

Costos de Organización (Organization Costs) :
Todos los costos incurridos en la etapa de planeación y establecimiento de una sociedad anónima o cualquiera otra forma de organización, por ejemplo: honorarios pagados por registro de la escritura de constitución, honorarios legales y contables, impresión de certificados de acciones, etc.

Costos del Periodo (Period Costs) : Costos
incurridos durante el periodo contable, no identificados con los costos de producción. Se clasifican en dos grupos: *gastos de venta y gastos de administración.*

Costos del Producto (Product Costs) : Los
costos de los elementos necesarios para fabricar un producto terminado. Ellos son: *materiales directos, mano de obra directa y gastos generales de manufactura.*

Costo de Reposición (Replacement Cost) : El valor de mercado actual de un activo o grupo de activos con capacidad productiva por lo menos igual, necesarios para reponer un activo o grupo de activos existente(s) que se ha/han vuelto o se piensa que se volverían obsoletos.

Costo de Ventas (Cost of Goods Sold) : El costo total de la mercancía vendida o de los productos terminados vendidos durante el periodo contable. Los negocios que usan el sistema de inventario periódico calculan el costo de ventas restando el inventario final del costo de mercancía disponible para la venta.

Costo de Ventas Estimado (Estimated Cost of Goods Sold) : El costo estimado de la mercancía vendida durante el mes, calculado por las compañías que usan el sistema de inventario periódico por medio de uno de los dos métodos disponibles para estimar el *costo de ventas y el inventario final*. Los dos métodos son: *El método de la ganancia bruta y el método de precios al detal del inventario.*

Costo Estimado del Inventario Final (Estimated Cost of Ending Inventory) : El valor estimado del inventario al costo al fin del mes, calculado por las compañías que usan el sistema de inventario periódico por medio de uno de los dos métodos disponibles para estimar el *costo de ventas y el inventario final*. Los dos métodos son: *El método de la ganancia bruta y el método de precios al detal del inventario.*

Costos Fijos (Fixed Costs) : Costos que no varían en total durante un periodo dado de tiempo dentro de un rango amplio que corresponde al nivel de actividad llamado *rango pertinente*.

Costos Mixtos (Mixed Costs) : Costos que comprenden elementos de costo fijo y costo variable. Ellos cambian en total, pero no proporcionalmente a los cambios en el nivel de actividad.

Costo o Valor de Mercado - el Más Bajo (CMMB) (Lower of Cost or Market (LCM)): Un método de valuación de inventarios que reconoce la caída del valor de mercado de activos ya que el costo actual de reemplazo de algunos artículos es ahora menor. Bajo el método **CMMB** el inventario de los comerciantes de artículos de alto valor se reporta usando la cifra que sea más baja entre el costo y su valor actual de adquisición en el mercado. Esta regla aplica a artículos individuales o a grupos de artículos similares. El método no es aplicable a artículos de bajo precio.

Costo Primo (Prime Cost) : La suma de los costos de materiales directos y mano de obra directa solamente que entran en la manufactura de una unidad de producción o en una orden de trabajo.

Costo (o Valor) Residual (Residual Cost (or Value)): Véase: *Salvamento.*

Costos Totales de Manufactura (Total Manufacturing Costs) : La suma de los costos de los tres componentes de fabricación de productos agregados a los productos en fabricación en el periodo fiscal. Ellos son: *Materiales directos, mano de obra directa* y *gastos indirectos de manufactura.* Los dos primeros son costos actuales; el tercero es aplicado en base a una tasa o proporción de gastos indirectos de manufactura.

Costo Total de Trabajo en Proceso (Total Cost of Work in Process) : La suma del costo del inventario inicial de trabajo en proceso más el total de los costos de manufactura del periodo fiscal.

Costos Variables (Variable Costs) : Costos que tienden a permanecer iguales por unidad, pero cuyo total varía directa y proporcionalmente con cambios en el volumen de producción.

Cuadro de Distribución del Efectivo (Schedule of Cash Payments) : Un cuadro que muestra paso a paso la venta en dinero efectivo de los activos no líquidos y la distribución de dicho efectivo a los acreedores y a los socios de la sociedad de personas en liquidación.

Cuadro de Envejecimiento de Cuentas por Cobrar (Aging Schedule) : Un cuadro que agrupa las cuentas por cobrar, clasificándolas por los tiempos que han estado sin recibo de su pago. El cuadro se usa para estimar el total de las sumas incobrables al final del período. Esta cantidad se toma como el saldo (crédito) actualizado de la cuenta *Provisión para Cuentas Incobrables* por las compañías que usan el Método de Asignación para Cuentas Incobrables en base a estimaciones porcentuales de cada grupo de morosidad de cuentas por cobrar.

Cuentas (Accounts) : Registros formales de aumentos y disminuciones en registros específicos de activos, pasivos, o capital que se usan para registrar las transacciones comerciales.

Cuenta Controladora (Control Account) : Es una cuenta del libro mayor cuyo saldo es la suma de los saldos de las cuentas de detalle.

Cuenta de Valoración (Contra Account) : Es una "cuenta compañera" con saldo de naturaleza opuesta al de su cuenta principal de activo, pasivo, ingreso o gasto que sirve para valorizarla al tiempo que deja que la cuenta principal divulgue su saldo bruto.

Cuenta de Valoración de Activos (Contra Asset Account) : Una cuenta de naturaleza crédito que se usa para obtener el valor neto de una cuenta de activos mientras se preserva su cantidad bruta. Por ejemplo: la cuenta *Provisión para Cuentas Incobrables* es una cuenta de valoración de la cuenta *Cuentas por Cobrar.*

Cuenta de Valoración de Gastos (Contra Expense Account) : Una cuenta de naturaleza crédito que se usa para obtener el valor neto de una cuenta de gastos mientras se preserva su cantidad bruta. Por ejemplo: la cuenta *Ingresos por Subarriendos* es una cuenta de valoración de la cuenta *Gasto de Alquiler.*

Cuenta de Valoración de Ingresos (Contra Revenue Account) : Una cuenta de naturaleza débito que se usa para obtener el valor neto de una cuenta de ingresos mientras se preserva su cantidad bruta. Por ejemplo: las cuentas *Devoluciones y Concesiones en Ventas* y *Descuentos por Pronto Pago* son cuentas de valoración de la cuenta *Ventas.*

Cuenta de Valoración de Pasivos (Contra Liability Account) : Una cuenta de naturaleza débito que se usa para obtener el valor neto de una cuenta de pasivos mientras se preserva su cantidad bruta. Por ejemplo: la cuenta *Descuento de Bonos por Pagar* es una cuenta de valoración de la cuenta *Bonos por Pagar.*

Cuenta de Valoración de Patrimonio (Contra Equity Account) : Una cuenta de naturaleza débito que se usa para obtener el valor neto de una cuenta de patrimonio mientras se preserva su cantidad bruta. Por ejemplo: las cuentas *Dividendos en Efectivo* y

Dividendos en Acciones son cuentas de valoración de la cuenta *Superávit-Ganancias Retenidas.*

Cuentas Incobrables (Uncollectible Accounts) :

Sumas adeudadas a un negocio que se esperan no poder ser cobradas o cuya cobranza es altamente improbable. Dentro de un número pequeño de cuentas por cobrar, tales cuentas son fáciles de identificar; sin embargo, en una lista larga de de cuentas por cobrar su total debe ser estimado ya que es difícil identificar las cuentas incobrables nombre por nombre.

Cuentas Permanentes (Reales) (Permanent (Real) Accounts):

Cuentas cuyos saldos al final del periodo contable continúan al periodo contable siguiente. Ellas comprenden todas las cuentas del balance general con excepción de las cuentas de retiros por el dueño, dividendos en efectivo, certificados de dividendos diferidos y dividendos en acciones. Véase: *Cuentas Temporarias*.

Cuenta Personal de Retiro (CPR) (Individual Retirement Account (IRA)):

Un plan que incentiva el ahorro ya que permite a los contribuyentes de impuestos diferir parte de su ingreso gravable (CPR Tradicional) o recibir utilidades de los aportes a la cuenta libres de impuesto cuando se reciban las distribuciones después de los 59-1/2 años (CPR Roth). Véase: *CPR Tradicional, CPR Roth, y Planes SIMPLES de Retiro.*

Cuenta Personal de Retiro (CPR) Roth (Roth IRA) :

Un plan personal de retiro que permite contribuciones anuales limitadas a una cuenta de la cual se podrán hacer retiros libres de impuestos después de un periodo inicial de bloqueo, siempre y cuando se satisfaga uno de una lista de requisitos. Los dueños de las CPR

Roth no obtienen beneficios de impuestos (exclusión o deducción) durante los años de contribuciones a la cuenta; pero después de los 59-1/2 años de edad, los titulares podrán hacer retiros de la cuenta y nunca tener que pagar impuestos sobre las sumas aportadas ni tampoco sobre el crecimiento de la inversión. Véase: *Cuenta Personal de Retiro (CPR) Tradicional.*

Cuenta Personal de Retiro (CPR) Tradicional (Traditional IRA) : Un plan personal de ahorros para hacer contribuciones anuales limitadas que permiten diferir parte del ingreso anual a aquellos contribuyentes de impuestos que califican, poniendo tales contribuciones en una cuenta de retiro de la cual pueden ser retiradas junto con el crecimiento de la inversión a su retiro, pero no antes de cumplir 59-1/2 años de edad. Los dueños de las CPR Tradicionales deben reportar como ingreso las cantidades retiradas de la cuenta en el año gravable en que las reciben. Véase: *Cuenta Personal de Retiro (CPR) Roth.*

Cuentas Por Cobrar (Accounts Receivable) : Una cuenta también conocida como *Deudores-Clientes*, del activo corriente, en la cual se acumulan las sumas de las facturas por ventas a crédito como también se registran los pagos recibidos de los clientes deudores.

Cuentas por Cobrar - Clientes (Trade Receivables) : Sumas que adeudan los clientes a crédito, usualmente a cobrar dentro de un periodo corto, por ejemplo: 30 días.

Cuentas Por Pagar (Accounts Payable) : Una cuenta también conocida como *Acreedores-Proveedores*, del pasivo corriente, en la cual se acumulan las sumas de las facturas por compras a crédito como también se registran los pagos hechos a los acreedores.

Cuentas por Pagar - Proveedores (Trade Payables) : Sumas adeudadas a proveedores a crédito, usualmente pagaderas dentro de un periodo corto, por ejemplo: 30 días.

Cuentas Temporarias (Nominales) (Temporary (Nominal) Accounts) : Cuentas cuyos saldos se cierran al final del periodo fiscal, por lo tanto quedan sin saldo para el siguiente período. Ellas comprenden todas las cuentas del estado de rentas y gastos (ingresos y gastos), las cuentas de retiros de los dueños, dividendos en efectivo, certificados de dividendos diferidos y dividendos en acciones. Véase: *Cuentas Permanentes* y *Entradas de Cierre.*

Glosario Ch

Cheques Sin Cobrar (Outstanding Checks) :

Cheques girados y registrados por la compañía que no habían sido pagados por el banco a la fecha de cierre del extracto de cuenta bancaria.

Cheque sin Fondos (NSF Check) :

Un cheque rechazado o devuelto al cliente por el banco tenedor de la cuenta corriente porque el saldo de la cuenta del girador no es suficiente para cubrir la cantidad del cheque.

Glosario D

Declaración de Renta (Tax Return) : Una declaración de información básica, ingresos, deducciones, exenciones, créditos y pagos por anticipado de una persona o entidad enviados a una oficina de impuestos del gobierno en una fecha especifica del año, usando formas oficiales del gobierno. Debe ser firmada por la persona responsable o su representante.

Déficit de un Socio (Partner's Capital Deficiency) : El saldo débito en la cuenta de capital de un socio que resulta cuando los retiros y pérdidas debitados a su cuenta superan a sus contribuciones de capital y ganancias anuales acreditadas a su cuenta.

Denegación de Opinión (Disclaimer of Opinion) : Declaración de un(a) auditor(a) que él/ella no expresa una opinión sobre los estados financieros de la compañía auditada. Una denegación es apropiada cuando el/la auditor(a) no ha hecho una auditoria con suficiente amplitud para permitirle formarse una opinión sobre los estados financieros.

Depósitos en Transito (Deposits in Transit) : Depósitos enviados al banco por correo o con una mensajería comercial que han sido registrados en los libros del depositante, pero que no habían sido registrados por el banco a la fecha de cierre del extracto de cuenta.

Depreciación Acelerada (Accelerated Depreciation) : Un método de depreciación que produce un gasto mayor de depreciación en el primer año de uso del activo, seguido de cantidades decrecientes durante la vida del activo. El método toma en cuenta el desgaste físico del activo, pero la mayor motivación de los negocios es el beneficio en los impuestos. El sistema vigente aprobado para calcular el gasto de depreciación acelerada es el **MACRS** (Sistema Modificado de Recuperación Acelerada del Costo, por sus siglas en inglés) que fue aprobado por el Congreso de los EE.UU. en 1986 con efectividad el 1ro de Enero de 1987. Reemplazó al **ACRS** (Sistema de Recuperación Acelerada del Costo, por sus siglas en ingles) que estuvo prescrito en la Ley de Recuperación Económica de 1981. Antes de 1981 hubo otros métodos de depreciación acelerada que ya no tienen validez.

Derecho Preferente (Preemptive Right) :
El privilegio concedido a los accionistas existentes, ya sea que esté provisto en los artículos de incorporación o en los estatutos, o por ley estatal común, para suscribir un porcentaje prorrata de cualquier nueva emisión de acciones de capital social que la corporación esté a punto de emitir.

Descuentos Comerciales (Commercial Discounts) :
Descuentos ofrecidos por el vendedor con el único fin de promover ventas. Esta práctica se usa porque se supone que al comprador le gusta "obtener descuentos", así que el vendedor hace el juego de inflar los precios y luego ofrece "descuentos". En los libros de contabilidad del vendedor las transacciones se registran por el valor neto de la venta sin que tales "descuentos" formen parte de los registros contables.

Descuento de Bonos por Pagar (Discount on Bonds Payable) :
Una cuenta de valoración que sigue a *Bonos Por Pagar* en el libro mayor y que registra el descuento que se da a un comprador original de bonos

para ajustar la tasa de interés contractual a la tasa de interés de mercado. El descuento equivale a la diferencia entre el valor nominal de los bonos y la suma pagada por el comprador original que es menor que el valor nominal.

Descuento de Bonos por Amortizar (Unamortized Bond Discount) :
El saldo débito de la cuenta *Descuento de Bonos por Pagar*, la cual se presenta en la sección de Pasivos a Largo Plazo del balance general, después de *Bonos por Pagar*, y se usa para determinar el valor de libro de la deuda de bonos por pagar.

Descuento de Compras (Purchase Discount) :
El descuento que toma un comprador a crédito por pronto pago del saldo de una factura a pagar, si los términos de crédito lo especifican. La cuenta *Descuentos de Compras* es usada solamente por las compañías que emplean el *sistema de inventario periódico*.

Descuento de Ventas (Sales Discount) :
Una *cuenta de valoración* de la cuenta de *Ventas* usada para acumular los descuentos tomados por los clientes a crédito. La oferta de descuento por pronto pago debe estar especificada en los términos de pago de la fractura del vendedor a crédito, por ejemplo: (2/10, n/30).

Descuento por Cantidad (Quantity Discount) :
Descuento conferido a aquellos compradores que colocan una orden de compra grande. Los vendedores esperan que las ventas grandes les ahorren dinero en gastos de ventas y en total les mejore su valor unitario de costo de ventas. Las transacciones se registran por la cantidad de la venta o compra, haciendo caso omiso del "descuento" en los registros contables. Véase: *Descuento por Volumen*

Descuento por Volumen (Volume Discount) :

Descuento conferido a los compradores preferenciales que colocan muchas ordenes de compra dentro de un periodo de tiempo establecido. Las ventas recurrentes le permiten al vendedor rotar más su inventario y mejorar su valor unitario de costo de ventas. Las transacciones se registran por la cantidad de la venta o compra, haciendo caso omiso del "descuento" en los registros contables. Véase: *Descuento por Cantidad.*

Devoluciones de Compras y Rebaja de Precios (Purchase Returns and Allowances) :

Una *cuenta de valoración* de la *cuenta de Compras* en los libros del comprador que usan las compañías que usan el sistema de *inventario periódico* para acumular las devoluciones de compras y las rebajas de precio recibidas de los proveedores por artículos que no están en conformidad con las especificaciones de la orden de compra o que necesitan ser reparados por el comprador.

Devoluciones de Ventas y Rebaja de Precios (Sales Returns and Allowances) :

Una *cuenta de valorización* de la *cuenta de Ventas* en los libros del vendedor que se usa para acumular las devoluciones de ventas y las rebajas de precio concedidas a los clientes por artículos que no están en conformidad con las especificaciones de la orden de compra o que necesitan ser reparados por el comprador.

Diario de Compras (Purchases Journal) :

Un diario especial usado para registrar solamente todas las *compras a crédito*. Las compras al contado se registran en el *Diario de Desembolsos de Caja.*

Diario de Desembolsos de Caja (Cash Payments Journal):

Un diario especial usado para registrar todos

los *pagos con cheques* de la compañía, incluyendo los cheques girados a la persona encargada de la caja menor.

Diario de Entradas a Caja (Cash Receipts Journal) : Un diario especial usado para registrar todos los *dineros depositados* por la compañía a su cuenta corriente.

Diario de Ventas (Sales Journal) : Un diario especial usado para registrar solamente *todas las ventas a crédito* a clientes. Las ventas al contado se registran en el *Diario de Entradas Caja.*

Diario Especial (Special Journal) : Un diario usado cuando se llevan los libros manualmente para agrupar transacciones de una misma índole, como: *compras a crédito, ventas a crédito, depósitos a la cuenta corriente y pagos con cheques.* Los totales se trasladan al libro mayor mensualmente en vez de a diario.

Disolución de la Sociedad de Personas (Partnership Dissolution) : Se causa cuando la composición de los socios cambia sin que se liquide (termine) el negocio. La disolución se ocasiona por *sustitución, adición* o *retiro* de un de los socios; Si el negocio continua, se forma una nueva sociedad de personas y una nueva escritura de constitución debe ser firmada por todos los socios de la nueva sociedad.

Dividendos (Dividends) : Véase: *Dividendos en Efectivo, Dividendos en Acciones* y *Dividendos Diferidos.*

Dividendos Acumulativos (Cumulative Dividends) : Una clase de dividendos a accionistas preferentes que si no son pagados en el periodo actual se acumulan como una obligación sobre las ganancias pasadas o futuras del negocio y deben ser pagados antes de pagar dividendos a los accionistas comunes. Véase: *Dividendos Atrasados.*

Dividendos Atrasados (Dividends in Arrears) :

Dividendos acumulativos no declarados a los accionistas preferentes. Los dividendos atrasados no se registran en una cuenta de pasivo; sin embargo, las compañías deben hacer referencia a loa dividendos acumulativos atrasados en notas a sus estados financieros. Los accionistas preferentes deben recibir el pago de los dividendos atrasados y los del año en curso antes de que los accionistas comunes reciban dividendos.

Dividendos Diferidos (Scrip Dividends) :

Véase: *Certificados de Dividendos Diferidos.*

Dividendos en Acciones (Stock Dividends) :

Distribución prorrateada de acciones adicionales de la compañía hecha por la sociedad anónima a sus accionistas en record, siempre y cuando la compañía tenga saldo suficiente en la cuenta de *Superávit-Ganancias Retenidas* para cubrir la distribución. El valor de los *dividendos en acciones* se traslada de la cuenta de *Superávit-Ganancias Retenidas* a la cuenta de *Acciones Comunes y Prima de Acciones* en el grupo de *Acciones Suscritas y Pagadas*. Los activos no se afectan.

Dividendos en Bienes (Property Dividends) :

Véase: *Dividendos en Especie.*

Dividendos en Bonos (Bond Dividend) : Pago de

dividendos con bonos de la misma compañía que paga los dividendos.

Dividendos en Efectivo (Cash Dividends) :

Distribución prorrateada de ganancias hecha en efectivo por la sociedad anónima a sus accionistas en record, siempre y cuando la compañía tenga saldo suficiente en la cuenta de *Superávit-Ganancias Retenidas* para cubrir la distribución y haya suficiente efectivo disponible para su pago.

Dividendos en Especie (Dividends In-Kind) :

Distribución de algunos bienes de la compañía a sus accionistas, en vez de efectivo, pagarés, acciones o bonos emitidos por la compañía, con cargo a la cuenta de *Superávit-Ganancias Retenidas.* También se les llama ***Dividendos en Bienes.***

Dividendo Liquidador (Liquidating Dividend) :

Un dividendo declarado con débito a una cuenta de *Acciones Suscritas y Pagadas* de la corporación por falta de saldo crédito suficiente en la cuenta de *Superávit-Ganancias Retenidas.* La mayoría de los estados de los EE.UU. no permiten los dividendos liquidadores.

Divulgación (Disclosure) : La acción de reportar información importante o clave como: *hechos, métodos usados, o cualquier otro detalle,* correspondiente a, u omitida de, los estados financieros o reportes que son necesarios para su interpretación precisa. Véase: ***Principio de la Divulgación Plena.***

Glosario E

Ecuación Básica de Contabilidad (Basic Accounting Equation) : Véase: *Ecuación de Contabilidad.*

Ecuación Contable Expandida (Expanded Accounting Equation) :

Activos = Pasivos + Capital – Retiros + Ingresos - Gastos

Ecuación de Contabilidad (Accounting Equation) : La ecuación básica de contabilidad establece que el total de los activos debe ser igual a la suma de los pasivos y el patrimonio.

Activos = Pasivos + Patrimonio

Efectivo Libre de Actividades Operacionales (Free Cash Flow) : Efectivo suministrado por las actividades operacionales de la compañía menos las sumas invertidas en gastos de capital, menos el pago de dividendos en efectivo durante el periodo. Véase: *Gastos de Capital.*

Ejecución de Hipoteca (Foreclosure) : La acción del acreedor hipotecario de confiscar la propiedad que el deudor hipotecario ha dado en prenda al haber éste perdido el derecho de redimir su propiedad en juicio por violación de los términos del contrato de préstamo hipotecario, especialmente por incumplimiento de los pagos del préstamo hipotecario.

Entidad Controladora (Controlling Interest) : Cualquier persona, sociedad de personas o sociedad anónima que posee mas del 50% de las acciones comunes de otra sociedad anónima, lo cual le(s) da el poder de influenciar en sus decisiones y operaciones.

Entradas de Ajuste (Adjusting Entries) : Entradas de diario al cierre del periodo contable que se hacen para reconocer en el período que pertenecen, ingresos devengados y/o gastos incurridos, de acuerdo con los principios contables del *reconocimiento de ingresos* y de *correspondencia.*

Entradas de Cierre (Closing Entries) : Las cuatro (4) entradas de diario hechas al final del periodo contable para completar el proceso de cierre de los libros. Ello es, el cierre de todas las *cuentas temporarias* y la cuenta *Resumen de Rentas y Gastos* la cual se usa para cerrar todas las cuentas de ingresos y gastos. Estas entradas son: **1.-** Cierre de las cuentas de *ingresos* contra *Resumen de Rentas y Gastos*; **2.-** Cierre de las cuentas de *gastos* contra *Resumen de Rentas y Gastos*; **3.-** Cierre de la cuenta de *Resumen de Rentas y Gastos* contra la cuenta de *Capital del Dueño* (negocios de un solo dueño) y **4.-** Cierre de la cuenta de *Retiros por el Dueño* contra la cuenta de *Capital del Dueño* (negocios de un solo dueño). Las sociedades de personas cierran la cuenta de Resumen de Rentas y Gastos (entrada # 3) y las cuentas de Retiros por los Socios (entrada # 4) contra las cuentas individuales de capital de los socios. Las corporaciones cierran la cuenta de Resumen de Rentas y Gastos (entrada # 3) y las cuentas de dividendos (entrada # 4) contra la cuenta Superávit-Ganancias Retenidas. Véase: *Resumen de Rentas y Gastos.*

Entrada Inversa (Reversing Entry) : Una entrada hecha para deshacer una entrada de ajuste previa. Las cantidades previamente debitadas y acreditadas en la entrada de ajuste son ahora acreditadas y debitadas a las mismas cuentas.

Escritura de Constitución (Charter) : Un
documento legal que una vez registrado de acuerdo a la
ley constituye la sociedad anónima. En EE.UU. las
sociedades anónimas deben recibir un certificado de
incorporación del gobierno estatal. El documento
contiene los artículos de incorporación y es preparado
por las personas que están creando la sociedad anónima.

Empresa Conjunta (Joint Venture) : Una
sociedad informal formada por dos o más personas o
entidades para y hasta la culminación de un proyecto
comercial específico. Después de la realización del
proyecto la sociedad informal queda terminada.

Entradas de Ajuste(Adjusting Entries) :
Entradas hechas al término del periodo contable para
reconocer los ingresos devengados o los gastos incurridos
en el período que pertenecen, de acuerdo con los
principios de *reconocimiento de ingresos* y de
correspondencia.

Entrada de Diario (Journal Entry) : Débito(s) y
crédito(s) a las cuentas que corresponden a una
transacción, registrados en un libro diario bajo el sistema
de partida doble.

Escritura de la Sociedad de Personas (Partnership
Agreement) : Un documento legal que debe registrarse
de acuerdo a la ley local ante una oficina publica, o una
Cámara de Comercio, o una corte, el cual contiene todas
las cláusulas que exige la ley y las agregadas por los
socios de una sociedad colectiva o de una sociedad
limitada que fueren necesarias para dejar explicito el
acuerdo de los socios. La escritura de la sociedad de
personas se compara con el acuerdo de los socios
(partnership agreement) usado en los EE.UU.

Estado del Capital de los Socios (Partners' Capital Statement) : Un estado financiero que resume los cambios individuales en las cuentas de capital de los socios y en el capital total de la sociedad durante el año. Tiene varias columnas, una para cada socio y una para el total. Cada columna tiene líneas para: el capital inicial, más contribuciones adicionales (si las hubiera), mas/menos ganancia neta (perdida), menos retiros personales, y el capital final. Véase: Estado *del Patrimonio de la sociedad de personas.*

Estado de Fuentes y Aplicación de Fondos (Statement of Cash Flows) : Un estado financiero básico que reconcilia el saldo inicial con el saldo final de Caja durante el periodo contable, detallando los aumentos netos o disminuciones netas de efectivo por cada una de las actividades básicas de una empresa, a saber: *actividades operacionales, de inversión y de financiamiento.* Este estado financiero reporta además *las transacciones de inversión y de financiamiento en las que no se usó efectivo* en el periodo, pero que son *significativas* para los usuarios de estados financieros.

Estado del Patrimonio del Dueño de un Negocio (Owners' Equity Statement) : Un estado financiero que resume los cambios en el patrimonio del dueño de un negocio en el periodo contable. Consiste de: capital inicial, más contribuciones adiciones (si las hubo), más ingreso neto o menos perdida neta, menos retiros hechos por el dueño, y capital final.

Estado del Patrimonio de la Sociedad Anónima (Stockholders' Equity Statement) : Un estado financiero que debe ser preparado cuando hay cambios significativos en el patrimonio de la sociedad anónima, como por ejemplo: cambios en las cuentas de *capital social* y otras cuentas de *superávit de capital*. Debe ser preparado solo en el período en que ocurren cambios; de otra manera el estado de **Superávit-Ganancias Retenidas** seria suficiente para informar el cambio en el patrimonio. *El estado del patrimonio* a menudo se presenta usando varias columnas, asignando una columna a cada categoría de cuentas de patrimonio de la sociedad anónima y una columna para el total de todas las categorías.

Estado del Patrimonio de la Sociedad de Personas (Statement of Partnership Equity) : También conocido como **Estado del Capital de los Socios** es un estado de condición financiera que detalla el patrimonio de la sociedad de personas en una fecha determinada. Consiste de líneas para: el capital inicial, contribuciones adicionales (si hubiera), ingresos netos o perdidas netas, retiros y el saldo final; y de varias columnas: una para cada socio y una para el total.

Estado del Patrimonio de una Persona (Net Worth Statement) : Un estado de condición financiera que detalla el patrimonio de una persona; Reporta los activos, pasivos y patrimonio en una fecha determinada. Los activos se reportan al valor de mercado.

Estado de Perdidas y Ganancias (Income Statement) : Véase: **Estado de Rentas y Gastos.**

Estado de Perdidas y Ganancias de Costo-Volumen-Ganancia (CVG) [Cost-Volume-Profit (CVP) Income Statement]: Un estado financiero para uso interno que clasifica costos como fijos o variables y reporta el margen de contribución en el cuerpo del reporte.

Estado de Rentas y Gastos (Income Statement) : Un estado financiero que resume las rentas (ingresos) y los gastos durante un periodo de tiempo especifico, tal como un mes, un trimestre, o un año; Al exceso de ingresos sobre gastos se le llama *Ganancia Neta* y al exceso de gastos sobre ingresos se le llama *Perdida Neta*. Este estado financiero se conoce también como *Estado de Perdidas y Ganancias* y *Estado de Resultados.*

Estado de Rentas y Gastos Clasificado (Multiple-Step Income Statement) : Un estado de rentas y gastos que distingue entre *actividades operacionales y no operacionales* y también muestra totales parciales para: *Ganancia Bruta, Ingreso Bruto, Ganancia Neta en Operaciones y Ganancia Neta antes de Impuestos (sociedades anónimas) antes de la Ganancia Neta.*

Estado de Rentas y Gastos No Clasificado (Single-Step Income Statement) : Un estado de rentas y gastos que tiene solo dos categorías amplias: **(1)** *Rentas*, y **(2)** *Gastos*. Todos los elementos de gasto aparecen en la misma sección, eliminando así totales parciales como: Ganancia *Bruta, Ingreso Bruto, Ganancia Neta en Operaciones y Ganancia Neta antes de Impuestos (sociedades anónimas).*

Estado de Resultados (Income Statement) : Véase: *Estado de Rentas y Gastos.*

Estado de Situación Financiera (Balance Sheet) : Véase: *Balance General.*

Estado de Superávit-Ganancias Retenidas (Retained Earnings Statement) : Un estado financiero que resume los cambios en la cuenta de *Superávit-Ganancias Retenidas* durante el periodo contable. Consiste de: el saldo inicial, más o menos correcciones del ingreso o perdida neto(a) del periodo anterior (si las hay), más (menos) ingreso/perdida) neto(a) del periodo actual, menos dividendos, y el saldo final.

Estados Financieros Consolidados (Consolidated Financial Statements) : Estados financieros que combinan los activos y pasivos totales, y los ingresos y gastos totales de dos o más compañías asociadas, presentándoles como si fueran los de una sola compañía.

Estado Financiero Interino (Interim Financial Statement) : Un estado financiero no auditado, preparado en una fecha cualquiera, o para un periodo interino (mes o trimestre) dentro del año fiscal u otro periodo de reporte regular.

Estándares de Auditoria Generalmente Aceptados-EAGA (Generally Accepted Auditing Standards - GAAS) : Los estándares que se usan para aplicar medidas de calidad a la ejecución de los procedimientos de auditoria a llevarse a cabo en auditorias externas por los contadores públicos, aprobados y adoptados por el Instituto Americano de Contadores Públicos Certificados (AICPA por sus siglas en Inglés). Ellos son: estándares *generales, estándares de trabajo en el terreno y estándares de reportes.* Estos estándares, diez en total, deben ser los mismos para todos los compromisos de auditoria.

Estándar de Costo (Cost Standard) : Una estimación predeterminada del costo que sirve de base para la información y control de la gerencia. Los estándares o cargos unitarios por los costos de materiales, mano de obra directa y gastos indirectos de manufactura son predeterminados usando información disponible acerca de las *condiciones internas*, como: tecnología, diseño, facilidades estructurales, etc.; e *información externa* como: precios de materiales, de mano de obra directa y de gastos indirectos al momento de desarrollar los estándares. Idealmente, el costo estándar debería usarse para todo el periodo fiscal, o por el tiempo que los estándares parezcan ser validos; pero ellos *deben ser revisados cuando las condiciones internas o la información externa usadas para desarrollar el estándar cambien.* Los costos actuales de un producto son comparados contra los estándares (costos presupuestados).

Estatutos (By-Laws) : Las reglas y los procedimientos internos de una sociedad anónima para conducir sus asuntos y operaciones. Los estatutos, aprobados por los accionistas, no pueden estar en contradicción con los artículos de la escritura de constitución de la sociedad anónima.

Ética (Ethics) : Conjunto de principios y normas morales que rigen la conducta esperada de los individuos que conforman grupos profesionales, asociaciones, entidades gubernamentales, etc. La mayoría de las entidades grandes escriben su propio código de ética.

Extracto de Cuenta Bancaria (Bank Statement) : Información mensual suministrada por los bancos a sus clientes de cuentas corrientes con los siguientes datos relativos a la cuenta: **1)** Saldo inicial; **2)** Depósitos recibidos, tanto los hechos directamente por el depositante como los hechos a la cuenta del depositante por terceros; **3)** Cheques girados por el dueño de la cuenta y pagados (cancelados) por el banco en el periodo; **4)** Otros abonos y cargos a la cuenta, cada uno con su propia explicación, y **5)** Saldo final.

Glosario F

Factura de Compra (Purchase Invoice) : La copia del comprador de la factura expedida por el vendedor para respaldar transacciones de venta. Este documento es requerido para todas las transacciones a crédito.

Factura de Venta (Sales Invoice) : El documento expedido por el vendedor para respaldar una transacción de venta. Se requiere para todas las transacciones a crédito.

Fecha de Accionistas en Record (Record Date) : Fecha escogida por la junta directiva de la sociedad anónima para que *todos los corredores de bolsa con récords de acciones de la sociedad anónima* sometan a la compañía al cierre de operaciones de ese día sus *listas de accionistas y número de acciones que poseen* para que la tesorería *programe el pago de los dividendos.* En esta fecha no se requiere partida contable alguna.

Fecha de Declaración (Declaration Date) : Fecha escogida por la junta directiva de la sociedad anónima para declarar formalmente el compromiso de distribución de dividendos. En esta fecha que debe ser informada a los accionistas se registra una partida contable acreditando la cuenta *Dividendos Por Pagar* y debitando *Superávit-Ganancias Retenidas (cuenta permanente),* o una *cuenta temporal: Dividendos en Efectivo o Dividendos con Acciones,* según el caso.

Fecha de Madurez (Maturity Date) : 1) Fecha en la que un pagaré junto con el interés debe ser pagado al tenedor por el firmante; **2)** fecha en la que un bono debe ser redimido por la compañía emisora.

Fecha de Pago (Payment Date) : Fecha escogida por la junta directiva de la sociedad anónima para hacer el pago en cheque, por correo o electrónicamente (deposito directo) a los accionistas que aparecen en la lista de accionistas en la fecha de accionistas en record. En esta fecha se debita la cuenta Dividendos por Pagar y se acredita Caja.

Fideicomisario (Trustee) : **1)** En general, un fideicomisario es el tenedor del titulo legal de un fondo de fideicomiso creado por un otorgante o donante para beneficio de un beneficiario designado. **2)** En una emisión de bonos, el fideicomisario es una tercera persona designada en el contrato de fideicomiso (por ejemplo : un banco comercial), el cual actúa como intermediario entre la compañía emisora y los tenedores de los bonos. Es responsable de mantener los récords de los tenedores de bonos originales, custodiar los bonos no emitidos, y proteger los derechos de los tenedores de bonos.

Flujo de Fondos Libres (Free Cash Flow) : Es el efectivo suministrado por las actividades operacionales de la compañía menos los gastos de capital, menos los dividendos pagados en efectivo durante el periodo.

F.O.B. Lugar de Destino (F.O.B. Destination) : Términos de la orden de compra que establecen que el vendedor debe incurrir el costo de los fletes de la mercancía y asumir el costo del seguro comercial durante el transporte de la misma. La mercancía pertenece al vendedor hasta que sea entregada satisfactoriamente al comprador en el lugar de destino.

F.O.B. Lugar de Embarque (F.O.B. Shipping Point) : Términos de la orden de compra que establecen que el vendedor puede hacer entrega formal de la mercancía a una compañía de transporte reconocida y desde ese momento la mercancía esta en posesión del comprador, el cual debe pagar por los fletes y asumir el costo del seguro comercial durante el transporte de la misma.

Fondo (Fund) : **1)** Un activo o grupo de activos dentro de una organización que se mantiene(n) o se registra(n) por separado para propósitos o uso especificados, por ejemplo: *Fondo de Caja Menor, Fondo para Amortización de Bonos, Fondo de Pensiones* **(2)** Fondos del Gobierno y de organizaciones sin fines de lucro usados para mantener registros separados de activos, pasivos (si hubiere), ingresos y gastos, correspondientes a los dineros recibidos o que se les han sido confiados para propósitos o uso especificados. Los fondos requieren la preparación periódica de un *estado de cambios del saldo del fundo*. Véase: *Contabilidad de Fondos.*

Fondo de Amortización (Sinking Fund) : Fondo consistente de efectivo e inversiones en valores de cartera más sus ganancias destinados única y exclusivamente para cancelar una deuda en una fecha futura.

Fondo de Caja Menor (Petty Cash Fund) : Un fondo relativamente pequeño, pero suficiente, de dinero en efectivo a mano usado para compras y pagos menores que esta bajo el control de un(a) empleado(a) de confianza de la compañía.

Fondo de Inversión Libre (Hedge Fund) : Una sociedad de personas, usualmente registrada como sociedad limitada, creada para reunir grandes sumas de dinero para inversión en acciones y otros valores comerciales de deuda que ellos piensan que van a subir de precio, para luego venderlos antes de que sus precios desciendan, obteniendo así ganancias netas de capital tanto de la subida como de la caída de los precios. Véase: *Fondo para Protección contra Pérdidas.*

Fondo de Pensiones (Pension Fund) : Un fondo establecido para el pago futuro de anualidades de las pensiones de los empleados, consistente de efectivo e inversiones en valores comerciales, cuyo rendimiento se acumula al fondo. El fondo recibe contribuciones anuales en efectivo de la compañía. Un fondo de pensiones es un activo restringido.

Fondo General (General Fund) : Un fundo sin restricciones en su manejo por la gerencia, siempre y cuando los gastos sean parte del presupuesto fiscal aprobado de la entidad. Véase: *Contabilidad de Fondos.*

Fondo Mutuo (Mutual Fund) : Una corporación de servicio de inversiones organizada de acuerdo a la ley estatal y sujeta a las regulaciones de la SEC que sirve de compañía administradora o fondo unitario de fideicomiso la cual es usada por inversionistas conservadores para repartir el riesgo de sus inversiones. Las distribuciones y las ganancias de capital de un fondo mutuo están sujetas a tratamiento especial en el Código del IRS como ingresos de una Compañía de Inversiones Regulada (CIR).

Fondo para Amortización de Bonos (Bond Sinking Fund) : Un fondo consistente de efectivo e inversiones en valores de cartera destinados única y exclusivamente para retirar una emisión de bonos a su madurez. El fondo crece con las contribuciones periódicas en efectivo de la compañía y con las ganancias de las inversiones.

Fondo para Propósito Especifico (Specific Purpose Fund) : Un fondo en Contabilidad de Fondos cuyos activos deben ser usados solamente para los propósitos especificados por: **1)** el donante a una organización sin fines de lucro, o **2)** legislación gubernamental si el fondo hace parte de un presupuesto oficial. El fondo registra contribuciones recibidas e ingresos de ciertos activos (de una organización sin fines de lucro), o asignaciones presupuestarias (por el gobierno).

Fondo para Protección contra Pérdidas (Hedge Fund) : Una sociedad de personas registrada como una sociedad limitada que es creada por inversionistas con el propósito de aumentar las posibilidades de construir ganancias de capital al tiempo que reducen el riesgo de pérdidas ocasionadas por fluctuaciones en la tasa de interés, precios de los artículos y tasas de cambio de moneda extranjera. El fondo es operado por los socios generales quienes deben solamente tratar con transacciones normales. Véase: *Fondo de Inversión Libre.*

Fondo Restringido (Restricted Fund) : Véase: *Fondo para Propósito Especifico.*

Forma de un Negocio (Form of Business) : Cada negocio se clasifica dentro de una de las tres formas básicas de negocios: *Negocio de un solo dueño, sociedad de personas, o corporación (sociedad anónima).* La forma se determina por la composición del capital del negocio. Véase: *Clase de negocio y tipo de negocio.*

Formula para la C.E.O. (E.O.Q. Fórmula) : Una fórmula para calcular la cantidad a ordenar con la cual se minimiza el costo del inventario a ser tenido por un comerciante. La formula es: *Q es igual a la **raíz cuadrada** del cociente de 2Sk dividido por pi*, donde **Q**

es la cantidad económica; **S** es el monto de ventas en el año; **k** es el costo de ordenar por cada orden que se coloque; **p** el precio unitario de los artículos a ser ordenados, e **i** es el costo del interés y otros costos por amarrar dinero en inventario.

Franquicia (Franchise) : Un privilegio adquirido a través de un contrato por el cual un comerciante *concesionario otorgador* pone a disposición de otro comerciante *concesionario receptor* sus conocimientos, marca registrada, organización comercial e imagen comercial por un valor de derecho de afiliación más remuneraciones anuales durante la duración del contrato. Los pagos anuales pueden ser una suma anual fija o cantidades variables basadas en un porcentaje de las ventas del comerciante concesionario receptor. Las franquicias pueden ser otorgadas por un periodo de tiempo definido, un periodo indefinido o perpetuamente; y el territorio puede ser especifico, amplio o ilimitado. El comerciante concesionario receptor registra como un *activo intangible* los costos asociados con la adquisición de la franquicia.

Fusión (Merger) : La combinación de dos o más compañías por adquisición directa de los activos netos de la otra u otras por la compañía sobreviviente, la cual se hace más grande mientras la otra u otras pierden su entidad(es) legal(es). Las fusiones se llevan a cabo dentro de la misma industria o entre compañías en industrias no relacionadas, o entre una compañía y un proveedor o un cliente.

Glosario G

Ganancia Bruta (Gross Profit) : **1)** Para un comerciante es el exceso de las ventas netas sobre el costo de ventas; **2)** Para un fabricante es el exceso de las ventas netas sobre los costos directos y gastos indirectos de fabricación.

Ganando con el Patrimonio (Trading on the Equity) : Tomar ventaja del patrimonio de la compañía usándolo como garantía para recibir préstamos a una tasa de interés menor que el porcentaje de ganancia que se puede obtener al usar el dinero prestado.

Ganancia de Capital (Capital Gain) : La ganancia obtenida de la disposición (venta o intercambio) de activos que no son parte del inventario cuando el recaudo o valor recibido por la venta o intercambio es mayor que el valor neto en libros de los activos que han sido vendidos o cambiados.

Ganancia Neta (Net Income) : El saldo positivo resultante de la confrontación de los ingresos con los costos y gastos de un negocio, siendo los costos y gastos inferiores a los ingresos durante un periodo especifico de tiempo, tal como un mes o un año.

Ganancia Neta de Operaciones (Net Operating Profit) : Ganancia neta del período contable que excluye las *actividades no operacionales*, denominadas en el estado de rentas y gastos clasificado como *otros ingresos y ganancias* y *otros gastos y perdidas*. Véase: *Ganancia Neta.*

Ganancia Neta por Acción (GNA) [Earnings per Share (EPS) : La ganancia que corresponde a cada acción común en circulación para el periodo fiscal;

Se calcula dividiendo la ganancia que corresponde a las acciones comunes (ganancia neta menos los dividendos de las acciones preferentes, si hubiera acciones preferentes) por el promedio ponderado de acciones comunes en circulación.

Ganancia Neta por Acción Totalmente Diluida (Fully Diluted Earnings per Share) : La cantidad por acción de la ganancia del periodo que representa la dilución máxima que habría resultado de la conversión o del ejercicio de equivalencias a acciones y de valores preferentes de compañías que tienen una estructura de capital compleja. La GNA totalmente diluida se presenta además de las cifras de GNA primaria y porque el denominador en su cómputo es más grande, ellas serán siempre menos que las GNA primarias. Los cómputos deberán excluir aquellos valores cuya conversión, ejercicio, u otra emisión contingente tuviesen el efecto de anular pérdidas por acción para el periodo. Ello es, no debe reconocerse una anti-dilución.

Ganancias o Pérdidas en Divisas Extranjeras (Translation Gains or Losses) : Ganancias o pérdidas que resultan de la conversión de cuentas por cobrar o de cuentas por pagar en divisas extranjeras a dólares estadounidenses.

Garantía (Warranty) : La promesa formal del vendedor de un producto o servicio de reponer cualquier defecto de calidad o de funcionamiento de un producto o servicio dentro del plazo concedido. El saldo de la cuenta de pasivo corriente *Garantía Estimada* se actualiza al final del periodo fiscal contra la cuenta de *Gastos por Garantía de Productos*.

Gastos (Expenses) : El costo de los activos consumidos o servicios usados en el proceso de devengar ingresos, sin tener en cuenta si el pago por tales activos o servicios ya ha sido hecho o ha de hacerse después.

Gastos Acumulados (Accrued Expenses) : Los cargos registrados por medio de entradas de ajuste antes de cerrar los libros con crédito a pasivos a corto plazo acumulados (cuentas de Gastos por Pagar) por gastos que han sido incurridos, mas no registrados o pagados; por ejemplo: Compras de servicios por los cuales no se ha recibido una factura o un reporte.

Gastos Administrativos (Administrative Expenses) : Gastos operacionales incurridos en la administración general o conducción de operaciones de la compañía, excluyendo los *Gastos de Ventas*. Los siguientes son ejemplos de ellos: salarios a empleados de oficina, papelería y suministros de oficina, mantenimiento del edificio de las oficinas administrativas y depreciación de muebles de oficina. Véase: *Costo de Ventas* y *Gastos de Venta.*

Gastos de Capital (Capital Expenditure) : El dinero gastado en la compra de unidades adicionales de activos fijos o para aumentar la capacidad, la eficiencia o la vida de un activo fijo existente.

Gasto de Depreciación (Depreciation Expense) : La porción del costo de un activo fijo o grupo de activos fijos que se carga a gastos del período durante su vida útil, usando uno de los métodos de depreciación aceptados.

Gasto de Deudas Malas (Bad Debt Expense) : Una cuenta de gastos de operaciones para registrar la suma de aquellas cuentas que son eliminadas de la cuenta del activo *Cuentas por Cobrar* porque se consideran incobrables. Las compañías que tienen un número muy grande de cuentas por cobrar deben estimar el total de las cantidades incobrables a la fecha del balance general y ajustar el saldo de Cuentas por Cobrar por medio de una cuenta de valoración llamada *Provisión para Cuentas Incobrables*. Véase: *Método de Provisión para Cuentas Incobrables.*

Gasto de Manufactura (Manufacturing Expense) : Costos de manufacturación del producto distinto a materia prima y mano de obre directa; también conocido como gasto de fabrica, gasto indirecto o gasto indirecto de manufactura.

Gasto de Transporte – Compras (Freight-In) : El costo de transporte de los bienes comprados que es absorbido por el comprador en una transacción con términos de entrega FOB Lugar de Embarque. Si se usa el sistema periódico de inventarios, el gasto se debita a la cuenta **Gasto de Transporte-Compras**; si se usa el sistema permanente de inventarios, el costo se añade a la cuenta **Inventario de Mercancías.**

Gasto de Transporte – Ventas (Freight-Out) : El costo de transporte de los bienes vendidos que es absorbido por el vendedor en una transacción con términos de entrega FOB Lugar de Destino. El gasto es un gasto de operaciones que se debita a la cuenta **Gasto de Transporte-Ventas** (o **Gastos de Entregas**). Cuando el vendedor paga por los cargos de fletes o es dueño de los vehículos de entregas, usualmente cubre el costo de envío incrementando el precio unitario de la mercadería.

Gastos de Ventas (Selling Expenses) : Gastos operacionales incurridos en el mercadeo y promoción de ventas, en la venta y en la entrega de productos o servicios vendidos. Los siguientes son ejemplos de ellos: salarios a personal de ventas, comisiones de ventas, propaganda, gastos de transporte y entrega de productos, mantenimiento de las oficinas de ventas y depreciación de vehículos asignados al personal de ventas. Véase: *Costo de Ventas* y *Gastos Administrativos.*

Gastos Generales Indirectos Aplicados Demás (Over applied Overhead) : Gastos Generales Indirectos *cargados* a la cuenta de Inventario de Trabajo en Proceso en una cantidad mayor que los gastos generales indirectos *actuales* incurridos.

Gastos Generales Indirectos Aplicados de Menos (Under applied Overhead) : Gastos Generales Indirectos *cargados* a la cuenta de Inventario de Trabajo en Proceso en una cantidad menor que los gastos generales indirectos *actuales* incurridos.

Gastos Generales Indirectos de Manufactura (Manufacturing Overhead) : Costos generales de manufactura que indirectamente hacen parte del costo total de un producto. Son todos los costos del producto diferentes de la materia prima y de la mano de obra directa.

Gastos Prepagados (Prepaid Expenses) : Cuenta del activo en los libros del comprador para registrar los pagos por anticipado por gastos (de provisiones o servicios) que aun no se han recibido o consumido, por ejemplo: ordenes de provisiones pre-pagadas, entretenimiento futuro pre-pagado, mantenimiento futuro pre-pagado, o que expirarán con el transcurso del tiempo (seguro pre-pagado, renta pre-pagada).

Gerencia de Calidad Total (GCT) [Total Quality Management (TQM)]: Un enfoque de gerencia de implementar un sistema dirigido hacia la superación permanente con la meta de eliminar o reducir al máximo los defectos de calidad, el desperdicio de recursos causado por defectos, los materiales de baja calidad, y el tiempo ocioso en la fabricación de productos terminados o en la prestación de servicios.

Gráfica de Costo-Volumen-Ganancia (CVG) (Cost-Volume-Profit (CVP) Graph) : Una presentación gráfica del punto de equilibrio que muestra la relación entre costos, volumen y ganancia. El eje vertical se usa para los dólares y el eje horizontal se usa para las cantidades.

Gravamen – Impedimento Legal (Encumbrance) : Cargos o reclamos sobre una propiedad, por ejemplo: una hipoteca, los cuales deben ser removidos antes de poder hacer alguna transacción con dicha propiedad. Véase: *Libre de Gravamen.*

Glosario H

Haber (1.-Assets, 2.-Credit Column) : **1.-** Conjunto de bienes o derechos de una persona o entidad. Véase: *Activo.* **2.-** Lado crédito (contrario a débito) de una cuenta. Los créditos a las cuentas de ingresos, pasivos y capital aumentan el saldo. Los créditos a las cuentas de gastos y de activos lo reducen.

Herencia (Estate) : La herencia bruta que deja una persona fallecida es el valor total de sus propiedades, tangibles o intangibles, al tiempo de su muerte.

Hipoteca a Pagar (Mortgage Notes Payable) : Letra(s) a largo plazo firmadas por un prestatario junto con una hipoteca que compromete activos específicos para asegurar el pago de un préstamo.

Hipoteca Inversa (Reverse Mortgage) : Préstamos que hace una institución financiera a propietarios de finca raíz de edad avanzada y con poca liquidez en base al patrimonio sin que la propiedad tenga que ser vendida o desocupada. La ventaja de estos préstamos para el dueño de la propiedad es que se le mejora su liquidez. La desventaja es que se va consumiendo su patrimonio.

Glosario I

Impuestos a los Muertos (Death Taxes) : Véase: *Impuesto sobre la Herencia.*

Impuesto al Valor Agregado (IVA) (Value-Added Tax (VAT)) : Un método o forma de cargar el impuesto indirecto a las ventas a los productos y servicios gravables en cada etapa de producción o distribución, basado en el valor añadido en esa etapa, el cual es incluido en el costo al consumidor final a ese punto. El IVA usualmente es devuelto a los compradores extranjeros en el puerto de salida para así atraer ventas de exportación.

Impuesto Indirecto (Excise Tax) : Un impuesto o arancel gravado sobre la manufactura, venta o consumo de cierta mercadería; o un derecho pagado por el uso de carreteras por vehículos pesados, o por una licencia para practicar ciertas ocupaciones, deportes, etc. Los impuestos indirectos son gastos deducibles cuando se incurren en la operación de un negocio o para producir ingreso.

Impuesto sobre la Herencia (Estate Tax) : Un impuesto por la transferencia de propiedades de un fallecido a sus herederos en base a la herencia gravable, la cual es la herencia bruta reducida por varias deducciones permisibles. Véase: *Herencia*

Impuesto sobre la Renta (Income Tax) : Es el impuesto sobre el ingreso anual gravable de una persona natural, una corporación o cualquier otra entidad no exenta. La tasa del impuesto varía a menudo con el carácter y la cantidad del ingreso gravable al cual se aplica el impuesto.

Impuesto Sobre la Renta Diferido (Deferred Income Tax) : Una cuenta de pasivo para registrar impuestos sobre la renta estimados sobre ingresos corrientes, contabilizados como gastos en el periodo para efectos contables, pero que no hay que pagar, ni reportar a las autoridades de recaudación de impuestos por el momento debido a regulaciones favorables en el Código de Impuestos.

Impuesto sobre Regalos (Gift Tax) : Un impuesto a donantes de los regalos que excedan la cantidad exenta por año por cada receptor separadamente. Las personas casadas tienen derecho a exenciones anuales de regalos por cada contribuyente.

Incremento de Acciones (Stock Split) : La expedición prorrata de acciones comunes adicionales a los accionistas existentes sin cambiar el total del capital social, ni el porcentaje de propiedad de cada accionista. Las nuevas acciones tienen un valor nominal o un valor establecido reducido en proporción al aumento del número de acciones.

Índice de Actividad (Activity Index) : El nivel de actividad seleccionado para análisis de comportamiento de costos. A un nivel diferente se espera que ocurran cambios en el comportamiento de los costos.

Ingresos (1- Revenues, 2- Income) : 1.-También conocidos como *Renta* son los pagos recibidos o a recibir por la venta de productos o servicios; Los ingresos causan un aumento bruto del patrimonio. **2.-** Ingresos de operaciones y no operacionales de un negocio durante el periodo contable. Véase: *Ingresos de Operaciones e Ingreso Neto.*

Ingresos Acumulados (Accrued Revenues) : Los créditos a cuentas de ingresos, registrados por medio de entradas de ajuste antes de cerrar los libros con débito a una cuenta de activos acumulados (*cuentas por cobrar*) por ingresos devengados, mas no recibidos o registrados; por ejemplo: Servicios prestados bajo un contrato que estipula facturar de acuerdo a porcentajes terminados y certificados, por lo cual la compañía no esta permitida a presentar una factura a la fecha de cierre del periodo fiscal si no hay certificación, ya que el contrato requiere confirmación del porcentaje terminado por una persona nominada solamente.

Ingreso Comprensivo (Comprehensive Income) :

Ingreso que incluye ingresos pasados por alto en el estado de rentas y gastos, pero reportados como ganancias o pérdidas no realizadas en la sección del patrimonio del balance general de la sociedad anónima. Incluye todos los cambios en el patrimonio durante el período con excepción de aquellos que resultan de inversiones hechas por y/o distribuciones hechas a los accionistas.

Ingresos de Operaciones (Income from Operations) :

El exceso de ingresos de operaciones sobre los correspondientes gastos operacionales del negocio durante el periodo. Se obtiene restando el costo de ventas y los gastos operacionales de las ventas netas. Véase : *Otros Ingresos*

Ingresos de Ventas (Sales Revenue) : O

simplemente **Ventas** son transacciones comerciales que envuelven la entrega de mercancía, una propiedad, un derecho, o un servicio a cambio de dinero en efectivo, una promesa de pago, o equivalente monetario. Las Ventas deben registrarse por su valor bruto, separadas de los Descuentos de Ventas y de las Devoluciones de Ventas y Concesiones de Rebajas en Precios.

Ingresos Diferidos (Unearned Revenue) : Una cuenta de pasivo en los libros del vendedor para registrar el efectivo recibido en anticipación de la entrega futura de artículos (suscripciones de revistas), o prestación de servicios (partidos de deportes), o expiración de tiempo (pólizas de seguro), los cuales constituirán ingresos en el futuro cuando estos eventos se lleven a cabo o al pasar del tiempo. Esta cuenta también se conoce como *Renta Diferida*.

Ingreso Exento (Exempt Income) : Ingreso excluible del ingreso bruto para efectos de impuesto sobre la renta el cual esta contenido en las Secciones 101 a 127 del Código del Servicio de Rentas Internas de los EE.UU.- También la deducción anual de ciertos ingresos parcialmente gravables, como: beneficios de desempleo y beneficios del Seguro Social.

Ingreso Gravable (Taxable Income) : Ingreso sujeto a impuesto por las autoridades gubernamentales de impuestos. Corresponde al ingreso bruto ajustado (IBA) menos los ajustes por deducciones permitidas y menos las exenciones personales (individuales). Los ingresos gravables de las personas contribuyentes y de las sociedades anónimas pueden estar sujetos a ciertas exclusiones y a la anulación de ciertas deducciones y créditos bajo las reglas del impuesto alterno mínimo (IAM) del Código del IRS (Servicio de Rentas Internas), lo cual aumenta el impuesto anual.

Ingresos No Operacionales (Non Operating Income) : Ingresos derivados de fuentes distintas a las de las actividades regulares del negocio. Véase : *Otros Ingresos*.

Insolvencia (Insolvency) : La condición económica comercial o personal que pone a una compañía o a una persona a operar en un estado de iliquidez, levantando así dudas acerca de su capacidad de hacer frente a todas sus obligaciones, o de poder sobrevivir por un largo periodo de tiempo.

Interés de la Minoría (Minority Interest) : La participación restante en una subsidiaria cuya casa matriz ha adquirido menos del ciento por ciento de sus acciones. Esa parte del patrimonio que pertenece a accionistas distintos a la casa matriz se incluye después del pasivo y antes del patrimonio en el balance general consolidado de las dos compañías (casa matriz y subsidiaria) que han elegido continuar existencias separadas después de la adquisición de la mayoría de las acciones de la subsidiaria por la casa matriz

Inventario de Productos Terminados (Finished Goods Inventory) : Productos manufacturados que están listos para la venta u otra disposición del fabricante, excepto para ser usados como componentes de un ensamblaje.

Inventario Físico (Physical Inventory) : Listas que detallan el conteo físico de la mercancía o materias primas de propiedad de la empresa para asegurar que el inventario reportado en los estados financieros es correcto. Tal conteo puede hacerse por conteo unitario, por peso, o por medidas, según se requiera.

Inventario Justo-a-Tiempo (JAT) (Just-in-Time (JIT) Inventory) : Un sub-sistema de inventario usado por algunos fabricantes en el cual los componentes de sus productos son manufacturados o comprados justo a tiempo para ser usados. Con esta estrategia se hacen economías en el manejo de materiales dentro de la planta y en el costo de mantener inventarios.

Inversiones a Corto Plazo (Short-term Investments) : Valores comerciales con fechas de madurez conocidas o fáciles de vender, u otros activos corrientes que no son parte del inventario, comprados con exceso de dinero efectivo para buscar algo de ganancia con un dinero que de otra manera estaría ocioso. Estas inversiones son consideradas parte del capital de trabajo; por consiguiente, se supone que serán convertidas en efectivo dentro de un año o dentro del ciclo operacional, el que sea más largo. Véase : *Inversiones a Largo Plazo.*

Inversiones del Dueño (Investments by Owner) : Recursos del negocio aportados por el dueño al comienzo o después para aumentar los activos totales o reducir pasivos.

Inversiones en Acciones (Stock Investments) : Inversiones en acciones comunes de otras sociedades anónimas con el propósito de: 1.- Apuntar a fuentes de ingreso, o 2.- Mirar a tener control de la compañía emisora de las acciones. Véase : *Método del Costo para Inversiones en Acciones Comunes* y *Método del Valor Actualizado de la Inversión.*

Inversiones en Bonos (Debt Investments) : Inversiones en bonos de otras sociedades anónimas o de entidades gubernamentales. Estos activos se clasifican en *Inversiones a Corto Plazo* (*Valores Mercantiles* y *Valores Disponibles para la Venta*) y en *Inversiones a Largo Plazo* (*Valores Poseídos hasta su Vencimiento*). Los *Valores Disponibles para la Venta* deben clasificarse como *Inversiones a Largo Plazo* si la compañía no espera venderlos dentro de un año.

Inversiones Temporarias (Temporary Investments) : Véase: *Inversiones a Corto Plazo.*

Glosario J

Junta de Síndicos (Board of Trustees) : Grupo de fideicomisarios encargados de cuidar ciertos intereses financieros de una sociedad anónima grande. Ellos son contratados por la Junta Directiva.

Junta Directiva (Board of Directors) : Grupo de personas encargadas de dirigir el rumbo de una sociedad anónima, las cuales son elegidas por los accionistas comunes para un periodo de tiempo señalado en los estatutos de la sociedad anónima.

Junta Reguladora de Contabilidad Financiera (JRCF) (Financial Accounting Standards Board (FASB)) : Una organización privada formada por contadores peritos con sede en los EE.UU. encargada de establecer y actualizar los estándares de la contabilidad financiera y de los estados financieros. Los *estándares* de esta *junta* formada en 1973 son reconocidos por la Comisión Regidora de Valores Comerciales (SEC por sus siglas en Inglés) y por el Instituto Americano de Contadores Públicos Certificados (AICPA por sus siglas en inglés).

Junta Reguladora de Contabilidad Internacional (JRCI) (International Accounting Standards Board (IASB)) : Una junta mundial con sede fuera de los EE.UU. encargada de establecer y actualizar las normas contables que siguen uniformemente muchos países del mundo. Estos países no están sujetos a las normas del **FASB** de EE.UU.

Glosario K-L

Ley de Bancarrota (Bankruptcy Law): Una ley federal de los EE. UU. que consiste primordialmente del *Código Federal de Bancarrota*, el cual incorpora ciertas provisiones comunes con las leyes estatales. El código de bancarrota fue creado para la protección tanto de los deudores como de los acreedores. Hay cuatro capítulos operativos en el Código: **Capítulo 7:** *Bancarrota autentica o liquidación;* **Capítulo 9:** *Ajuste de Deudas de una Municipalidad;* **Capítulo 11:** *Reorganizaciones;* y **Capítulo 13:** *Ajustes de Deudas de un Individuo con un Ingreso Regular.* Véase: ***Bancarrota.***

Ley de Contribuciones al Seguro Social (LCSS) [Federal Insurance Contribution Act (FICA)]: Legislación aprobada por el Congreso de los EE.UU. con efectividad Enero 1, 1935, bajo las secciones 3101-3126 del Código del Servicio de Rentas Internas (IRS por sus siglas en inglés), para proveer beneficios de retiro y beneficios de incapacidad, sobrevivencia y seguro hospitalario que irían a ser financiados con un impuesto a los sueldos de los empleados, hasta una cantidad limite, y una contribución de igual monto hecha por el patrono. En 1965, el Congreso extendió los beneficios para incluir Medicare (Cuidado Medico) para personas de 65 años o más, y se crearon dos fondos separados: Seguridad Social (Social Security) y Cuidado Medico (Medicare).

Ley Sarbanes-Oxley del 2002 [Sarbanes-Oxley Act of 2002 (SOX)] Ley pasada en el año 2002 por el congreso de los EE.UU. con el propósito de reducir el número de casos de conducta inmoral por parte de las corporaciones americanas. La ley introdujo reformas a la profesión de Contabilidad, al código de ética de gerentes de corporaciones, y a las reglas para divulgaciones necesarias en reportes financieros.

Ley Uniforme para las Sociedades de Personas –LUSP (Uniform Partnership Act – UPA) : Un conjunto de leyes propuestas por La Conferencia Nacional de Comisionados sobre Leyes Estatales Uniformes que han sido adoptadas por la mayoría de los estados, con lo cual se intenta cubrir la ley básica de las sociedades de personas. Véase : *Código de las Sociedades de Personas.*

Libre a Bordo (FOB. - Free on Board) : Términos de la orden de compra referentes a los costos de fletes y seguro de la mercancía que establecen donde y cuando el vendedor hace entrega formal de la mercancía al comprador.

Libre de Gravamen (Free from Encumbrances) : Se dice de la propiedad que no tiene ningún impedimento jurídico para ser negociada, como por ejemplo: un embargo o una hipoteca.

Libro Auxiliar de Cuentas (Subsidiary Ledger) : Un libro con detalle de saldos de cuentas individuales con una característica común. Por ejemplo: el *libro auxiliar de Cuentas a Cobrar* contiene los saldos de cada uno de los clientes a crédito de la compañía.

Libro de Contabilidad (Ledger) : Libro de contabilidad de entrada final. Véase : *Libro Mayor* y *Libro Auxiliar de Cuentas.*

Libro Diario (Journal) : Libro de contabilidad en que se registran las entradas originales de las transacciones diarias. Hay cuatro libros diarios especiales (*Compras, Ventas, Recibos de Caja* y *Desembolsos de Caja*) y *el Diario General.*

Libro Diario General (General Journal) : Un diario de dos columnas (Debito y Crédito) donde se registran todas las transacciones que no corresponden a ninguno de los cuatro libros diarios especiales.

Libro Mayor (General Ledger) : Libro de contabilidad de tres columnas (debito, crédito y saldo) que tiene una página para cada una de las cuentas contenidas en el *balance general* y en el *estado de rentas y gastos*, más las cuentas de *Retiros por el Dueño* y *Resumen de Rentas y Gastos*. Cada página tiene, además del nombre y número de la cuenta, tres columnas a la izquierda para: Fecha, Detalle y Referencia.

Liquidación de la Sociedad de Personas (Partnership Liquidation) : El proceso de terminar tanto la vida legal como la vida económica de la sociedad. El proceso de liquidación incluye la venta de activos, pago de deudas, y distribución del efectivo u otros activos sobrantes a los socios.

Glosario M

Manifiesto de Carga (Bill of Lading) : Un documento expedido por una compañía transportadora o por una agencia de carga detallando los bienes a ser enviados y entregados en un lugar especifico a su destinatario(a). El documento debidamente firmado por la compañía transportadora o por su agente sirve tanto de acuse de recibo de los bienes como de contrato de transporte.

Mano de Obra Directa (Direct Labor) : La compensación pagada a los empleados de fábrica que trabajan la materia prima o ensamblan componentes para hacer los productos acabados. Véase : *Mano de Obra Indirecta.*

Mano de Obra Indirecta (Indirect Labor) : El costo del trabajo de los empleados de fábrica que no tienen asociación física o directa con el producto acabado o que seria impráctico rastrear su costo al costo de los bienes producidos.

Marca Registrada (Trademark) : Un nombre, término, o símbolo registrado por un negocio para ser usado como su identificación distintiva y la de sus productos. Las registraciones de marcas registradas se hacen ante la Oficina de Patentes de los EE. UU. y valen por 10 años. Deben ser renovadas de allí en adelante por periodos de 10 años.

Margen de Contribución (MC) [Contribution Margin (CM)]: La cantidad que debe sumarse a los costos variables para cubrir los costos fijos y la ganancia; Se calcula restando los costos variables del total de ingresos.

Margen de Seguridad (Margin of Safety) : La suma fijada como objetivo con la cual las ventas actuales o presupuestadas excederían a las ventas necesarias para lograr el punto de equilibrio. Esa suma "cojín" (exceso) puede ser expresada en dólares o como un porcentaje.

Margen Unitario de Contribución (Contribution Margin per Unit) : La cantidad que debe sumarse a los costos variables por unidad para cubrir los costos fijos y la ganancia bruta por unidad; Se calcula restando los costos variables por unidad del precio de venta unitario.

Materia Prima (Raw Materials) : Artículos comprados para ser usados como componentes de productos terminados. Ellos requieren ya sea tratamiento adicional, o fabricación, o pudieran ser usados como parte de un ensamblaje sin proceso adicional. Excluyen materiales o artículos que no hagan parte básica del producto, aunque estas provisiones sean usadas en la planta de manufactura.

Materiales Directos (Direct Materials) : El costo de la materia prima usada en manufacturación que esta asociada de forma significativa con el producto ya sea por la cantidad o por el costo. Véase : *Materiales Indirectos.*

Materiales Indirectos (Indirect Materials) : La materia prima cuyo costo seria impráctico rastrear a los costos de manufactura de los productos, ya sea porque ellos constituyen una parte insignificante del costo total del producto terminado, o porque no tienen conexión física con el producto terminado.

Materialidad (Materiality) : La importancia relativa dada por el auditor a los errores o irregularidades halladas durante el curso de una auditoria. Los errores resultan de entradas hechas negligentemente, mientras que las irregularidades resultan de aplicaciones equivocadas de principios de contabilidad generalmente aceptados (PCGA), desviaciones de los hechos, u omisiones de información necesaria.

Mejoras a Bienes en Arrendamiento (Leasehold Improvements) :

El costo de las mejoras para aumentar la utilidad de una propiedad ajena rentada. Tales gastos de inversión deben ser amortizados durante el tiempo de la vida útil de la mejora o el tiempo restante del contrato de arrendamiento, el que sea más corto.

Mejoras a Terrenos (Land Improvements) :

El costo de: remoción de escombros, apertura de caminos, alcantarillado, tuberías de agua, líneas de gas, pavimento y andenes, cercas, y otros artículos pagados por el dueño del terreno o por un arrendatario que ha firmado un contrato de arrendamiento a largo plazo.

Mercado Negro (Black Market) :

Ventas y compras ilegales de bienes o de moneda extranjera por individuos que de buena gana violan las restricciones del gobierno. También, el lugar donde se llevan a cabo estas actividades.

Mercancía en Consignación (Consigned Goods) :

Se dice de la mercancía enviada o entregada por el consignador (dueño) al consignatario (tenedor) para su futura venta u otro propósito después de firmarse un contrato que indicase que el consignatario puede ser el eventual comprador, actuar como agente del consignador o disponer en cualquier otra manera de la mercancía.. El inventario existente de la mercancía en consignación es un activo del consignador. Una transacción de Compra/Venta tiene lugar cuando el consignatario dispone de parte o toda la mercancía en consignación.

Método Alto-Bajo (High-Low Method) :

Un cálculo matemático usado para separar el costo variable del costo fijo en los costos mixtos. El procedimiento usa pares de costos totales y actividad total, incurridos en los niveles (meses) alto y bajo de actividad. Se calcula primeramente el costo variable unitario, luego se calcula el costo variable total de los meses seleccionados y entonces el costo fijo por substracción del total de los costos mixtos.

Método de Absorción de Costos (Absorption Costing) : El método de acumulación de costos con el cual se cargan al, o son absorbidos por el, costo del producto tanto los costos variables como los fijos. El costo del producto consta de : materiales directos, mano de obra directa, y gastos generales indirectos (variables y fijos). Véase : *Método de Costos Variables.*

Método de Asignación de Costos (Cost Flow Method): El método de costeo de inventarios generalmente aceptado utilizado por la gerencia de una compañía con un inventario grande para reconocer el costo de ventas ya que es imposible usar el método de identificación especifica. Hay tres métodos de asignación de costos aceptados: **PEPS (FIFO** por sus siglas en inglés**), UEPS (LIFO** por sus siglas en inglés**) y Costo Promedio.**

Método de Asignación de Cuentas Incobrables (Allowance for Doubtful Accounts Method) : Conocido simplemente como *método de asignación*, es un método alternativo por medio del cual *se estima el gasto de Deudas Malas (Cuentas Incobrables)* aplicable al periodo contable, al final del año fiscal. Este método es usado por compañías con un gran número de saldos de clientes, lo cual les imposibilita identificar los saldos incobrables específicos y por lo tanto deben estimarse.

Método de Compra (Purchase Method) : Un método contable de combinación de negocios para el registro de fusiones y adquisiciones en el cual los activos netos recibidos en consideración de la compañía adquirida se registran a su valor de mercado (VM) en la fecha de combinación en loa libros de la compañía adquiridora, estableciendo una nueva base para ellos lo cual es consistente con los principios de contabilidad generalmente aceptados (PCGA). Cualquier cantidad en que el precio de compra exceda al VM de los activos netos identificables se registra como *goodwill* el cual debe amortizarse en un periodo largo de años con cargo a la cuenta de gastos de *amortización de goodwill*. Un crédito diferido (o "goodwill negativo") se registraría solamente si el precio de compra más todos los pasivos son menos que los activos corrientes a su VM y los activos no corrientes han sido reducidos a cero, con excepción de los valores comerciales. Véase : *Método de Unificación de Intereses.*

Método de Costos Variables (Variable Costing) : El método que excluye del costo del producto los costos fijos de manufactura por considerarlos costos periódicos (gastos del periodo contable), o sea que el costo del producto esta compuesto solamente de costos variables: materiales directos, mano de obra directa, y gastos generales indirectos variables (materiales indirectos y la parte variable de ciertos costos mixtos.

Método del Costo para Inversiones en Acciones Comunes (Cost Method for Investment in Common Stock) : Un método contable usado para contabilizar inversiones a largo plazo de menos del 20% acciones comunes de otras compañías en circulación. La compañía mantiene la inversión en acciones comunes al costo, y solamente reconoce ingresos cuando se reciben dividendos en efectivo. El costo puede ser bajado al valor de mercado si el valor de la inversión se ha deteriorado permanentemente. Véase: *Método del Valor Actualizado de la Inversión.*

Método del Costo para Acciones Propias Readquiridas (Cost Method for Treasury Stock) :

Un método que ve la compra y subsecuente venta de acciones comunes propias de la compañía como una sola transacción. La *suma total* pagada por la readquisición de acciones comunes es *debitada* a una cuenta de valoración de capital llamada *Acciones Propias Readquiridas.* El monto recibido por las acciones puestas de nuevo en circulación (*vueltas a vender*) *se acredita* a *Acciones Propias Readquiridas* por su costo; la diferencia entre el precio de venta y el costo, si la hubiere, se *acredita o debita* a una cuenta de *Superávit de Capital* llamada *Prima-Acciones Propias Readquiridas.* Siendo que las cuentas de *Superávit de Capital* no deben tener un saldo debito, cualquier cantidad por encima del saldo crédito de la cuenta *Prima-Acciones Propias Readquiridas* se *debita* a *Superávit-Ganancias Retenidas.* Véase: *Método del Valor Nominal para Acciones Propias Readquiridas.*

Método del Costo Promedio (Average Cost Method) :

Un método de asignación de costos que supone que toda la mercancía dentro de un grupo es de naturaleza similar, así que se puede aplicar tanto a las unidades del *inventario final* como al *costo de ventas* de las unidades vendidas el precio promedio de las *unidades* que estaban *disponibles para la venta.* Tal costo unitario promedio es el *promedio ponderado del costo de la mercancía disponible para la venta después de cada compra o de cada venta bajo el sistema de inventario perpetuo (permanente).*

Métodos de Depreciación (Depreciation Methods) :

Los diferentes procesos aritméticos para el cómputo del gasto periódico de depreciación de un activo fijo perecedero durante su vida útil. Los métodos de depreciación aceptados para efectos de contabilidad son: *Método de Línea Recta, método de las unidades de actividad* y *el método del saldo descendente (depreciación acelerada).* El método de depreciación para declaraciones de renta en EE.UU. es el *MACRS* (ACRS Modificado).

Método de Identificación Especifica (Specific Identification Method) :

Un método de calculo del costo del inventario usado por comerciantes con inventarios limitados de artículos de alto valor que pueden identificar claramente articulo por articulo desde el momento de su compra hasta el momento de su venta. Las compañías que usan este método pueden determinar con exactitud su inventario final y su costo de ventas.

Método de la Ganancia Bruta (Gross Profit Method) :

Uno de los dos métodos disponibles a las compañías que usan el sistema de inventario periódico para obtener *estimados mensuales del costo de ventas y del inventario final*, aplicando un *porcentaje estimado de ganancia bruta* a las ventas netas para obtener la ganancia bruta estimada con la cual se determina el *costo de ventas estimado,* el cual luego se sustrae del total de mercancía disponible para la venta para así obtener el *inventario final estimado.*

Método de Línea Recta (Straight-Line Method) :

Un método que distribuye el costo total depreciable de un activo fijo por partes iguales, cargando a gastos en cada periodo de la vida económica del activo una fracción prorrata del costo depreciable. Esta es la manera más simple de calcular el gasto de depreciación.

Método del Porcentaje de Ejecución (Percentage of Completion Method) : Un método comúnmente usado en contratos de construcción a largo plazo con el cual la compañía asigna anualmente los ingresos y costos de los proyectos en proporción al progreso de la obra, medidos ya sea por los costos incurridos o por estimados hechos por ingenieros.

Método de Precios al Detal del Inventario (Retail Inventory Method) : Uno de los dos métodos disponibles a las compañías que usan el sistema de inventario periódico para obtener *estimados mensuales del inventario final y del costo de ventas* por medio de la aplicación de una razón de costo sobre precio al detal al *inventario final al detal* (mercancía disponible para venta al detal menos ventas netas) para obtener primero el *costo estimado del inventario final.* El *costo de ventas estimado* se obtiene substrayendo el costo estimado del inventario final del costo de la mercancía disponible para la venta al costo. El método requiere cifras de la mercancía disponible para la venta tanto al costo como a su precio al detal.

Método del Valor Actualizado de la Inversión (Equity Method) : Un método contable usado por una compañía matriz con inversión que oscila entre el 20% y el 50% de las acciones comunes en circulación de la subsidiaria. La inversión en acciones comunes se registra inicialmente al costo, y luego la compañía inversionista va ajustando anualmente la cuenta de Inversiones cuando recibe los estados financieros de la subsidiaria para mostrar el valor actualizado de dicha inversión. Véase : *Método del Costo para Inversiones en Acciones Comunes.*

Método del Valor Nominal para Acciones Propias Readquiridas (Par Value Method for Treasury Stock):

Un método raramente usado para contabilizar las acciones propias readquiridas que ve la compra y la subsecuente disposición de las acciones comunes de la compañía como dos transacciones distintas. *Las acciones propias readquiridas* se reportan a su *valor nominal*. Si la cantidad pagada para readquirir las acciones comunes propias es *mayor* que el valor nominal, la diferencia se *debita* a una cuenta de Superávit de Capital llamada *Prima-Acciones Propias Readquiridas* o a la cuenta *Superávit-Ganancias Retenidas*; Si la cantidad pagada es *menor* que el valor nominal, la diferencia se *acredita* a la cuenta de Superávit de Capital llamada *Prima-Acciones Propias Readquiridas;* Las acciones puestas de vuelta en circulación se *acreditan* a *Acciones Propias Readquiridas* por su *valor nominal* y la diferencia, si la hubiere, *se acredita o se debita* a la cuenta de Superávit de Capital llamada *Prima-Acciones Propias Readquiridas*. Siendo que las cuentas de Superávit de Capital no deben tener saldo debito, cualquier cantidad por encima del saldo crédito de Prima-Acciones Propias Readquiridas se *debita* a *Superávit-Ganancias Retenidas*. Véase : *Método del Costo para Acciones Propias Readquiridas.*

Método de Ventas a Plazos (Installment Method) : Un

método utilizado para registrar los ingresos de las ventas a plazo con el propósito de diferir impuestos sobre la renta. Bajo el método de ventas a plazos, la ganancia de la venta es prorrateada y reconocida en los años en que se reciben los pagos. Si la venta califica para el método de ventas a plazos a ser reportadas en la declaración de impuestos, el vendedor debe usarlo o de otra manera debe declinar su uso afirmativamente. Cuentas de *deudores* separadas y de ingresos diferidos específicas para las ventas a plazos son empleadas normalmente en el registro de *ventas a plazos*.

Método Directo (Direct Method) : Uno de dos métodos usado en la preparación del *estado de fuentes y aplicaciones de fondos* para determinar el efectivo generado por las *actividades operacionales* del periodo que consiste en ajustar cada partida del *estado de rentas y gastos* de la *base de causación* a la *base de caja*, mostrando las entradas y los pagos en efectivo. Véase : *Método Indirecto.*

Método Directo de Cuentas Incobrables (Direct Write-off Method) : Método contable para registrar el *gasto por cuentas malas* usado por aquellas compañías con un número pequeño de saldos de clientes para eliminar de *Cuentas por Cobrar* con cargo a la cuenta *Gasto por Cuentas Malas* aquellos que son juzgados ser incobrables a la fecha del balance general. Véase: *Método de Provisión para Cuentas Incobrables.*

Método Indirecto (Indirect Method) : Uno de dos métodos usados en la preparación del *estado de fuentes y aplicaciones de fondos* en el cual el proceso para obtener *el efectivo generado por las actividades operacionales* del periodo consiste en partir del *ingreso neto* del *estado de rentas y gastos* obtenido con la *base de causación* y convertirlo a la *base de caja* por medio de ajustes al ingreso neto por aquellas partidas de rentas y gastos que no envolvieron efectivo y por los cambios en los saldos finales de las cuentas de activos corrientes y pasivos corrientes durante el periodo. Véase : *Método Directo.*

Momento de Reordenar (Reorder Point) : El

nivel de inventario que apresura una nueva orden de compra. Para su cálculo deben conocerse el tiempo a transcurrir desde su emisión hasta la entrega, y la demanda anticipada de la mercancía

Glosario N

Negociando con el Patrimonio (Trading on the Equity) : Tomar ventaja del buen patrimonio de la compañía para recibir préstamos de dinero a una tasa de interés menor que el rendimiento que se puede obtener al usar el dinero prestado.

Negocio de un Solo Dueño (Sole Proprietorship) : Un negocio no incorporado de propiedad de una sola persona. Esta es la forma más simple de negocios. Los propietarios de negocios no incorporados tienen responsabilidad ilimitada por las deudas del negocio.

Nombre Comercial (Trade Name) : Véase: *Razón Social.*

Notas a Pie de Página (Footnotes) : Véase: *Comentarios sobre los Estados Financieros.*

Número de Días en Inventario (Days in Inventory) : El tiempo aproximado en días que le toma a una compañía para vender el inventario promedio, contando a partir del día en que llega al almacén. Se calcula dividiendo 365 o 360 por el índice (coeficiente) de rotación del inventario.

Glosario O

Oficina Principal (Home Office or Main Office) : Oficina central de una empresa que tiene operaciones en diferentes lugares, todos de un mismo dueño o dueños. Todos los otros lugares son administrados y suplidos con inventarios y activos fijos por la oficina principal. La integración de la contabilidad entre los registros de la oficina principal y los de la(s) sucursal(es) se logra por medio del uso de cuentas reciprocas.

Opción de Compra a Precio de Ganga (Bargain Purchase Option) : Una cláusula en contratos de arrendamiento a largo plazo que le da al arrendatario la opción de comprar la propiedad rentada a un precio significativamente inferior al precio de mercado esperado en la fecha de poderse ejercer la opción.

Opción de Compra de Acciones (Stock Option) : El derecho conferido a los directivos de la compañía, a los suscriptores de acciones, a los promotores y a los empleados, como compensación por servicios, para comprar un determinado número de acciones a un precio establecido, durante un periodo de tiempo definido. El derecho se emite por escrito y cuando se ejerce se convierte en compensación gravable.

Opción de Compra de Acciones para Empleados [Employee Stock Option (ESOP)] : El derecho dado a los empleados de la compañía a comprar un determinado número de acciones de la compañía a un precio de ganga establecido, durante un periodo de tiempo definido. El beneficio al tomar la opción es una compensación por servicios.

Operaciones Descontinuadas (Discontinued Operations) : Operaciones que no serán parte de los estados financieros en el futuro porque la compañía se he deshecho de tal sector significativo del negocio (una línea de productos o servicios, una división, una subsidiaria, etc.), ya sea por venta, por abandono, por cualquiera otra determinación de terminarlo durante el periodo contable de los estados financieros. Los resultados del sector descontinuado, netos de los efectos de impuestos sobre la renta, deben reportarse por separado en el estado de rentas y gastos a continuación del Ingreso Neto de las *Operaciones que Continúan.*

Opinión Adversa (Adverse Opinion): Opinión con la que un auditor expresa que en su juicio los estados financieros de la compañía **no** presentan adecuadamente la posición financiera o los resultados de operaciones o los flujos de fondos en conformidad con principios contables generalmente aceptados.

Opinión Calificada (Qualified Opinion): Aquella opinión expresada cuando el auditor encuentra que hay carencia de evidencia competente y suficiente, o que hubo restricciones en el ámbito de su auditoria que le han llevado a concluir que el/ella no puede expresar una opinión incondicional y el/ella ha decidido no optar por una denegación de opinión. Una opinión condicionada (calificada) debe incluir una frase con las palabras *excepto por* o *con la excepción de*, dando la(s) razón(es) para la excepción.

Opinión Incondicional (Unqualified Opinion): También conocida como una *opinión limpia* es una afirmación hecha por el (la) auditor(a) que, después de haber llevado a cabo su auditoría de acuerdo con los estándares de auditoria generalmente aceptados (EAGA), en su opinión los estados financieros auditados presentan razonablemente, en todo respecto material, la posición financiera, los resultados de operaciones y los flujos de caja en conformidad con los principios de contabilidad generalmente aceptados (PCGA), incluyendo divulgación adecuada.

Orden de Compra (Purchase Order) : Un documento con el cual el comprador autoriza al vendedor para que le envíe o entregue mercancía, materiales o servicios descritos en detalle, a precios especificados, de acuerdo con los términos de empaque, transporte y términos de pago previamente negociados por las partes.

Organizaciones Exentas (Exempt Organizations) : Corporaciones y fondos de fideicomiso incluidos en la Sección 501 del Código del Servicio de Rentas Internas, debidamente autorizados por el Servicio de Rentas Internas de EE.UU., los cuales están exentos del impuesto sobre la renta sobre cualquier cantidad sobrante de las sumas recibidas de sus donantes. El ingreso de operaciones no relacionadas, conducidas como negocio dentro de los predios de la organización exenta, es gravable y es necesario registrar una entidad separada para tal negocio.

Organización Sin Fines de Lucro (Non Profit Organization) : Una entidad privada cuyos organizadores no han concebido el propósito de ganancia ni de beneficio económico personal sino de operarla para ayudar al público en general, a una comunidad especifica o aun grupo de individuos. Su funcionamiento requiere la aprobación del Servicio de Rentas Internas (I.R.S. por sus siglas en Inglés) de EE.UU. antes del inicio de operaciones- Véase *Organizaciones Exentas.*

Otras Cuentas por Cobrar (Other Receivables) : Todas aquellas *cuentas por cobrar* que no corresponden a *clientes a crédito,* con excepción de Pagares por Cobrar, se conocen como ***Otras Cuentas por Cobrar.*** Deben usarse cuentas separadas y especificas en la sección de activos corrientes del libro mayor para cada categoría de otras cuentas por cobrar, por ejemplo : ***Prestamos a Oficiales de la Compañía, Anticipos a Empleados, Depósitos de Garantía, Rembolso de Impuestos sobre la Renta por Recibir, Intereses por Cobrar, etc.***

Otros Ingresos (Other Income) : Llamados *Otras Rentas y Ganancias* son ingresos reportados en el estado de rentas y gastos del negocio a continuación de la *Ganancia Neta en Operaciones*; por ejemplo: *intereses cobrados sobre los pagarés firmados por clientes y sobre saldos vencidos de cuentas por cobrar, intereses de inversiones en bonos, dividendos de inversiones menores, y ganancias de capital.*

Glosario P

Pactos en Contrato de Préstamo (Loan Covenants) : Condiciones especificas en un contrato de préstamo que deben ser cumplidas por el prestatario durante el termino del préstamo. El incumplimiento de cualquiera de estas cláusulas le dará a la entidad crediticia el derecho de terminar el contrato y demandar el pago inmediato del saldo, o de renegociar los términos del préstamo.

Pagaré (Promissory Note) : Una promesa incondicional de pagar cierta suma de dinero a su presentación o en una fecha especifica en el futuro, al portador o a la orden de una persona designada, debidamente firmada por el deudor.- Véase: *Pagares Por Cobrar; Pagares por Pagar.*

Pagarés Por Cobrar (Notes Receivable) : Una cuenta del activo usada para registrar cuentas por cobrar de deudores las cuales están respaldadas por pagarés firmados a favor de la compañía.

Pagarés Por Pagar (Notes Payable) : Una cuenta del pasivo usada para registrar obligaciones con proveedores o con entidades financieras por las cuales la compañía ha firmado pagarés.

Pago Neto del Empleado (Net Pay) : La cantidad que el patrono debe pagar directamente al empleado por sus servicios. Equivale al total devengado menos el total de deducciones de nómina.

Papeles de Trabajo (Working Papers) : Documentos preparados o reunidos por los auditores en el ejercicio de una auditoria, los cuales sirven de base y de soporte para sus reportes. Tales papeles incluyen: detalles de cuentas, listas, analices, transcripciones, apuntes, memos, etc.

Partidas Extraordinarias (Extraordinary Items) : Partidas que corresponden a acontecimientos y transacciones inusuales e infrecuentes, es decir: estas partidas no se dan normalmente en el curso normal del negocio. Ellas son reportadas por separado en el estado de rentas y gastos, netas del efecto del impuesto sobre la renta, después del *Ingreso Neto de Operaciones* (que continúan), y después de *Operaciones Descontinuadas*, si las hubiere.

Pasivos (Liabilities) : Todas las deudas y obligaciones de una compañía incurridas por compras a crédito de bienes o servicios, obtención de financiamiento, o por cualquier otro concepto a la fecha del balance general; El total de deudas representa los derechos de los acreedores comerciales y de otros terceros sobre los activos del negocio. Los pasivos se clasifican en *Pasivos Corrientes* y *Pasivos a Largo Plazo*.

Pasivos A Largo Plazo (Long Term Liabilities) : Aquellas deudas del negocio cuyo vencimiento no es sino hasta después de un año o hasta después del ciclo de operaciones de la compañía, si este dura más de un año, contando a partir de la fecha del balance general.

Pasivos Contingentes (Contingent Liabilities) : Son posibles obligaciones futuras, cuyas sumas pueden ser conocidas o desconocidas a la fecha de cierre del periodo. La contabilización de los pasivos contingentes se hará de acuerdo a normas contables referentes a las probabilidades o posibilidades de que tales eventualidades ocurran y de la certeza de su monto.

Pasivos Corrientes (Current Liabilities) : Las deudas a corto plazo con los proveedores a crédito y con otros, incluyendo la porción a corto plazo de los pasivos a largo plazo, las obligaciones de nómina, deudas de impuestos a las ventas y sobre la renta, e ingresos diferidos que se espera sean pagados con activos corrientes en menos de un año o dentro del ciclo operacional si este es mayor de un año.

Patente (Patent) : Un derecho exclusivo concedido por el gobierno federal a un inventor para que fabrique y venda productos de su invención por un período de 20 años a partir de la fecha de expedición. El derecho puede ser vendido a una tercera persona durante el período de validez, pero no puede ser renovado; sin embargo, un inventor puede aplicar para una nueva patente para un producto similar modificado.

Patrimonio de la Empresa de un Solo Dueño (Owner's Equity) : Es la parte de los activos totales que le pertenece al dueño; Se calcula restando los pasivos de los activos de la empresa de un solo dueño. Véase : *Estado del Patrimonio del Dueño de un Negocio.*

Patrimonio de la Sociedad Anónima (Stockholders' Equity) : Es la diferencia entre los activos y los pasivos de la sociedad anónima. Se compone de los tres grupos de cuentas siguientes : **1a.- *Acciones*, 1b.- *Superávit de Capital* y 2.- *Superávit-Ganancias Retenidas.*** Si la sociedad anónima readquiere algunas de sus propias acciones en el mercado de valores, entonces el costo de esas acciones se presenta por separado en una cuenta de patrimonio con saldo débito llamada *Acciones Propias Readquiridas*, seguido de la cuenta de Superávit-Ganancias Retenidas.

Patrimonio de la Sociedad de Personas (Partnership's Equity) : Es la parte de los activos totales que le pertenece a los dueños de una sociedad de personas; Se calcula restando los pasivos de los activos de la sociedad de personas. Véase : *Estado de Capital de los Socios.*

Patrimonio de una Persona (Net Worth) :
La riqueza de una persona; Equivale a la diferencia entre sus activos al valor de mercado y sus pasivos en una fecha determinada. Véase : *Patrimonio de un negocio de un solo dueño.*

Pérdida de Capital (Capital Loss) :
La pérdida sufrida en la disposición (venta, intercambio o abandono) de activos que no son parte del inventario, cuando el recaudo de la venta o intercambio es menor que el valor neto en libros de los activos que han sido eliminados. Para efectos de impuestos sobre la renta, las ganancias de capital y las pérdidas de capital están divididas en a largo plazo y a corto plazo dependiendo de si el activo fue poseído por más de un año, o hasta por un año. La cantidad deducible de pérdidas de capital para individuos tiene un límite anual.

Pérdida Neta (Net Loss) :
La cifra negativa resultante de la confrontación de los ingresos con los costos y gastos de un negocio, siendo los costos y gastos superiores a los ingresos durante un periodo especifico de tiempo, i.e.: un mes o un año.

Pérdida Neta de Operaciones (PNO) [Net Operating Loss (NOL)] :
Una PNO es el exceso de deducciones del negocio (calculadas con ciertas modificaciones) sobre el ingreso bruto en el año fiscal. La *Sección 172* del Código de Rentas Internas (*CRI*) de los EE.UU. contiene reglas que les permiten a los contribuyentes usar una PNO de un año gravable como deducción en otro año gravable. Las cláusulas sobre PNO fueron diseñadas primordialmente para

proveer alivio para las pérdidas en transacciones o negocios, así que a los individuos no se les crea una PNO por el exceso de las deducciones detalladas (excepto pérdidas en accidentes o desastres) y exenciones personales sobre el ingreso de sueldos y salarios. La PNO puede usarse yendo 2 años hacia atrás y 20 años hacia adelante. Las deducciones por PNO deben ser computadas de nuevo asegurándose de que las partidas con trato preferente para impuestos que conforman una PNO no sean un factor contribuyente en disminuir el impuesto mínimo alternativo (IMA).

Período Contable (Accounting Period) : El periodo de tiempo cubierto en un reporte de operaciones o en un estado financiero, por ejemplo: un mes, un trimestre, un año.

Plan de Pensión con Beneficio Definido (Defined Benefit Pension Plan) : Un plan de pensión que especifica los beneficios que recibirá el empleado a su retiro, usualmente basados en factores como la edad, años de servicio y/o salario. Los fondos para el plan son aportados por el empleador solamente.

Plan de Pensión de Contribución Definida (Defined Contribution Pension Plan): Un plan de pensión en que el empleador hace contribuciones al plan para cada empleado y los beneficios de los empleados a su retiro son las sumas contribuidas para el/ella. Los empleados pueden participar voluntariamente con contribuciones personales al fondo de pensión.

Planes Keogh (Keogh Plans) : Planes de retiro para personas empleadas por su propia cuenta (dueños de negocios de un solo dueño y socios generales de una sociedad de personas) que permiten deducciones del ingreso bruto por contribuciones a tales planes en forma similar a los planes para empleados bajo la Sec. 401 (k). Estos planes están cubiertos por la Sec. 401 (c) del Código del IRS. Llevan su nombre en honor al Congresista Keogh.

Planes SIMPLES de Retiro para Empleados (PSE) [SIMPLE Employee Retirement Plans (SEP)] :

Son planes apareados de incentivo de ahorros para empleados que pueden ser establecidos por empleadores con 100 trabajadores o menos y que no mantienen otro plan de retiro calificado. Ellos son : un 401K SIMPLE o una CPR SIMPLE; también incluyen planes de retiro para personas que trabajan por cuenta propia (Planes Keogh), conocidos también como Planes H.R.10. Las contribuciones que hace un empleador a un PSE, dentro del límite deducible, para beneficio del empleado no son incluidas en el ingreso bruto del empleado. Los empleadores, sin embargo, pueden deducir como gastos de beneficios de empleados las contribuciones hasta un 25% de las compensaciones pagadas a los empleados durante el año calendario; las contribuciones en exceso pueden ser acumuladas y deducidas en años gravables posteriores.

Plazo de Entrega o Iniciación de Producción (Lead Time) :

El tiempo total necesario para que un comprador reciba los materiales ordenados de un proveedor después de haber emitido la orden de compra con términos acordados para enviar o entregar. También, el tiempo a transcurrir entre la adopción de un plan de operación o de producción y el inicio de la producción, incluyendo el tiempo requerido para la obtención de los materiales y tener listas las instalaciones.

Plegamiento de Pagos de Clientes (Lapping) : Un tipo de fraude que solía ser cometido por empleados a quienes se les confiaba tanto el manejo del efectivo como los registros de cuentas por cobrar. Ellos demoraban el registro de un pago recibido, mas depositaban el pago para así cubrir temporalmente un faltante creado en el efectivo que debería estar a la mano porque un recibo de efectivo previo no fue depositado. Ellos se aprovechaban del tiempo que le era necesario a los bancos para procesar los depósitos de sus clientes y de un sistema deficiente de control interno de la compañía.

Porcentaje de Ganancia Bruta (Gross Profit Ratio): La ganancia bruta expresada en términos de porcentaje. Se calcula dividiendo la cantidad de ganancia bruta entre la cantidad de ventas netas.

Porcentaje de Rentabilidad (Rate of Return) :
Véase: *Tasa de Rendimiento.*

Presupuesto (Budget) :
Cuantificación monetaria de un plan de operaciones formulado por la gerencia de un negocio respecto a las actividades durante un periodo de tiempo futuro especificado. Hay varias clases de presupuestos : *Presupuesto de Ingresos y Gastos, Presupuesto de Activos y Pasivos, Presupuesto de Caja, Presupuesto de operaciones, de Ventas, de Gastos, etc., y el presupuesto principal.*

Presupuesto Base Cero (Zero-base Budgeting) :
Un sistema de presupuestar que supuestamente ignora el presupuesto del año anterior y exige un análisis detallado de las cifras actuales del año en curso al momento de planear y ensamblar el presupuesto proyectado; Por consiguiente, requiere planeación detallada y justificación de los ingresos y gastos para las varias actividades y metas sometidas por todos los gerentes

envueltos en la elaboración de los presupuestos de los periodos siguientes.

Presupuesto de Operaciones (Operating Budget) : Presupuesto compuesto de ingresos y gastos recurrentes estimados para el periodo designado.

Presupuesto Flexible (Flexible Budget) : Un conjunto de presupuestos para varios niveles de operaciones tomando en cuenta la naturaleza de los gastos, los cuales son algunos fijos, mientras otros son variables o semivariables. El presupuesto flexible sirve para el análisis de costo-volumen-ganancia y para la preparación de presupuestos de caja.

Presupuesto Principal (Master Budget) : Un presupuesto que enlaza y consolida todos los presupuestos que se preparan, ensamblando un estado de rentas y gastos presupuestado, un balance general presupuestado, un presupuesto de flujo de fondos, y un presupuesto de inversiones de capital para el período del presupuesto.

Prima de Acciones (Additional Paid-in Capital) : Contribuciones de capital hechas por los accionistas por encima del valor nominal o del valor establecido que son acreditadas a cuentas de *Acciones Suscritas y Pagadas* diferentes a las del *capital social.* También, las sumas recibidas por encima del costo de las *acciones propias readquiridas* revendidas.

Prima de Bonos por Pagar (Premium on Bonds Payable) : Una cuenta paralela que sigue a Bonos por Pagar en el libro mayor y que registra la prima que cobra la compañía a los compradores de bonos por encima del valor nominal. La prima es cobrada al comprador de bonos para ajustar la tasa de interés contractual a la tasa de interés de mercado y equivale a la diferencia entre el valor pagado por el comprador y el valor nominal de los bonos que es menor que el precio de venta.

Prima de Bonos por Amortizar (Unamortized Bond Premium) : El saldo crédito de la cuenta *Prima de Bonos a Pagar*, la cual se presenta en la sección de Pasivos a Largo Plazo del balance general, después de *Bonos a Pagar*, y se usa para determinar el valor corriente en libros de los bonos a pagar.

Primeras en Entrar-Primeras en Salir (PEPS) [First In-First Out (FIFO)] : Un método de asignación de costos que supone que las unidades de inventario que se venden corresponden a las compras más antiguas, así que ellas deben ser las que se cargan a *Costo de Ventas* y que el *inventario final* se contabiliza usando los precios de la mercancía más nueva.

Principios de Contabilidad Generalmente Aceptados - PCGA (Generally Accepted Accounting Principles – GAAP) : El conjunto de convenciones, normas y procedimientos de contabilidad estandarizados en el ejercicio de la profesión y generalmente reconocidos como pautas en la preparación de estados financieros y que cuentan con el soporte de la autoridad contable encargada de promulgarlos. En EE.UU. el soporte viene de la Junta Reguladora de la Contabilidad Financiera (FASB por sus siglas en Inglés).

Principio de la Consistencia (Consistency Principle) : El principio contable que dicta que una compañía tiene que usar uniformidad continuada durante un periodo y de un periodo a otro en los métodos de contabilidad, principalmente en bases de valuación y en métodos de acumulación.

Principio de la Correspondencia (Matching Principle):
Principio contable que identifica los ingresos y gastos relacionados con el mismo periodo contable bajo el concepto de que los esfuerzos (gastos) deben corresponder a los logros (ingresos). Los contadores hacen entradas de ajuste para acumular y diferir (ingresos o gastos) al cierre del periodo, invocando el principio de la correspondencia. Este principio también es conocido como el **Principio de Reconocimiento de Gastos.** Véase: *Sistema Contable de Causación.*

Principio de la Divulgación Plena (Full Disclosure Principle):
El principio contable que requiere que las compañías den una explicación en el cuerpo del estado financiero o reporte, como un encabezamiento expandido o una nota al pie de la página, o adjunten un anexo que contenga un hecho, una opinión o un detalle requerido o que le sirva de ayuda a los usuarios en la interpretación precisa del estado financiero o reporte.

Principio del Reconocimiento de Gastos (Expense Recognition Principle):
Principio contable que requiere que los gastos sean reconocidos en el periodo que son incurridos y no cuando se hace el pago por ellos. Esto es consistente con el concepto de que los gastos hacen su contribución a los ingresos. Véase : *Principio de la Correspondencia.*

Principio del Reconocimiento de Ingresos (Revenue Recognition Principle):
Principio contable que requiere que los ingresos sean reconocidos en el periodo en que son devengados y no cuando se recibe el pago, con la excepción de las ventas a plazos.

Principio del Valor Histórico Original (Cost Principle):
Principio contable que establece que los activos de una compañía deben registrarse por el monto pactado al ser

adquiridos y deben permanecer con el mismo valor original hasta que se disponga de ellos. Las dos excepciones a este principio son: **1.** Daño o desvalorización permanente de un activo fijo, y **2.** Revaluación de inventarios de artículos costosos, usando el método MCM (Menor entre el costo y el nuevo precio de mercado para compra del mismo activo (LCM por sus siglas en Ingles).

Pronóstico (Forecast) :
Predicción de las cifras de ingresos, costos y gastos en base a factores que pueden ser estimados por la gerencia de un negocio respecto a sus expectativas de participación en el mercado a los precios y costos esperados. Estas cifras estimadas son necesarias para la elaboración de presupuestos.

Proporción (Razón) [Ratio]:
Una relación significativa entre partidas o componentes de los estados financieros usada para evaluar la liquidez, la rentabilidad y/o la solvencia a largo plazo de una compañía. La relación puede expresarse en un porcentaje, una tasa, o una simple proporción.

Proporción de Distribución de Ganancia/Perdida (Income Ratio) :
La base convenida entre los socios en la escritura de la sociedad de personas para distribuir la ganancia o pérdida neta del periodo, o el remanente después de asignar sueldos e intereses, a los socios. La relación puede expresarse en porcentajes (60%, 40%), fracciones (3/5, 2/5) o proporciones (6:4).

Proporción de Pago de Dividendos (Payout Ratio) :
Una razón que muestra el porcentaje de ganancias del periodo que fueron distribuidas a los accionistas comunes en forma de dividendos en efectivo; Se calcula dividiendo los dividendos en efectivo por la ganancia neta del año fiscal.

Proporción de Pasivos a Activos Totales (Debt to Total Assets Ratio) Un coeficiente de solvencia de una compañía que indica el porcentaje del total de activos que pertenece a los acreedores; La razón se calcula dividiendo el total del pasivo por el total del activo.

Punto de Equilibrio (Break-even Point) : El nivel de actividad en el cual los ingresos a ser recibidos por las unidades producidas y vendidas son iguales a los costos totales de producción de esas unidades. Puede calcularse en dólares o en número de unidades, usando uno de los tres métodos disponibles siguientes: **1.** – *ecuación matemática,* **2.** *– técnica del margen de contribución,* y **3.** *gráfica de CVG (Costo-Volumen Ganancia).*

Glosario Q

Quiebra (Bankruptcy) : Nombre común de la condición financiera de una entidad que no puede en el momento hacer frente a todas sus obligaciones ante los acreedores porque el valor de mercado de sus activos totales es inferior a sus pasivos. Véase : *Bancarrota* y *Ley de Bancarrota.*

Glosario R

Rango Pertinente (Relevant Range) : Un rango de valores que corresponde al volumen o nivel de actividad sobre el cual una organización o unidad de producción espera operar durante el periodo presupuestado. Los presupuestos flexibles adoptan valores separados para cada rango o nivel de actividad. Véase: *Relación entre el Costo – el Volumen y las Ganancias.*

Razón de Capital de Trabajo (Current Ratio) : Un coeficiente de liquidez de una compañía que le permite a los acreedores potenciales a corto plazo evaluar su capacidad de pagar a tiempo sus cuentas; Expresa la relación entre activos corrientes netos y pasivos corrientes y se calcula dividiendo el total de activos corrientes por el total de pasivos corrientes a la fecha de cierre del periodo. Una razón de 1.75 : 1 significa que los activos corrientes de la compañía superan en un 75 por ciento a los pasivos corrientes en la fecha del balance general.

Razón de la Prueba de Fuego (Acid Test Ratio) : También conocida como *razón de liquidez inmediata*, es un coeficiente que expresa la liquidez a corto plazo de la compañía en forma inmediata. Es una prueba de liquidez más severa que la *razón de capital de trabajo* porque excluye *Gastos Pre pagados e Inventarios* de los activos corrientes; se calcula dividiendo la suma de Caja más Inversiones a Corto Plazo, más Cuentas por Cobrar (netas) y Notas por Cobrar por el total del pasivo corriente. Una razón de 1.2 : 1 significa que los activos corrientes líquidos más los que pudieren convertirse en efectivo en muy poco tiempo a partir de la fecha de cierre del periodo superan en un 20 por ciento a los pasivos corrientes en esa fecha.

Razón de Liquidez Inmediata (Quick Ratio) :
Véase: *Razón de la Prueba de Fuego.*

Razón del Margen de Contribución (RMC) [Contribution Margin Ratio (CMR)]:
El coeficiente obtenido al dividir el margen de contribución unitario por el precio de venta unitario, el cual representa el porcentaje de cada dólar de ventas que esta disponible para ser aplicado a costos fijos y a contribuir con el ingreso neto de operaciones; Tal porcentaje es útil para proyectar rápidamente el aumento en el ingreso neto cuando se contempla un aumento en las ventas en dólares.

Razón de Pasivos a Activos Totales (Debt to Total Assets Ratio) :
Un coeficiente utilizado para medir la solvencia de una compañía que muestra el porcentaje de los activos totales suministrados por los acreedores; Se computa dividiendo el total de pasivos por el total de activos.

Razón Social (Trade Name) :
Nombre con el que está registrada una compañía y con el cual conduce sus negocios. En los EE.UU. la razón social (*nombre comercial*) debe ser registrada(o) con el Departamento de Estado -División de Corporaciones (del estado donde esta registrada la compañía). Un nombre comercial es también el nombre con que se les conoce a los productos de una compañía en los círculos comerciales, el cual generalmente se haya registrado como una marca registrada. Véase : *Marca Registrada*

Reconciliación de Cuenta Bancaria (Bank Reconciliation) : Una verificación periódica (usualmente cada mes) del saldo de la cuenta corriente. Se hace reconciliando la información en el estado de cuenta bancaria con la información mantenida por la compañía sobre la cuenta en cuestión con el propósito de descubrir errores, malversaciones y transacciones no registradas por una de las dos partes.

Reducción Permanente del Valor (Impairment of Value) : Reducción del valor de mercado de un activo cuya recuperación de valor es improbable, así que la caída es considerada permanente, dejando su valor de mercado significativamente por debajo del valor neto en los libros; dicha caída hace que el costo recuperable estimado sea reducido con reconocimiento inmediato de la pérdida. La depreciación futura debe calcularse sobre el nuevo valor de libros ajustado.

Reembolso Parcial (Rebate) : Devolución parcial (reducción) del precio pagado por un bien (producto) o servicio.

Regalía (Royalty) : Compensación pagada al dueño de un activo tangible o intangible que esta siendo usado o explotado por una persona o entidad distinta al dueño. Usualmente es una parte del recaudo de la venta de productos de un recurso natural hecha por una entidad distinta al dueño de la tierra; o de la venta de bienes manufacturados y vendidos por alguien o una entidad que no es el dueño de un derecho registrado (por ejemplo: una patente, un derecho de autor, etc.). Tal compensación (regalía) se acuerda ya sea en un porcentaje o en una suma fija en dólares por unidad.

Registros en el Libro Mayor (Posting) : El proceso de transferir los débitos y créditos de las entradas hechas en los libros de diario a las cuentas del libro mayor y sus auxiliares pertinentes.

Relación entre Costo-Volumen-Ganancias (Cost-Volume-Profit Relationship) : Los efectos producidos sobre las ganancias de una compañía por cualquier cambio o cambios en el precio de venta, los costos fijos, los costos variables o el volumen, asumiendo una composición de ventas constante si se fabrican y venden más de un tipo de productos.

Rendimiento de los Activos (Return on Assets) : Un coeficiente que muestra la rentabilidad de los activos de la compañía; Se calcula dividiendo la ganancia neta del año fiscal por el promedio anual de los activos.

Rendimiento del Capital Contable (Return on Common Stockholders' Equity) : Un coeficiente de rentabilidad del capital contable perteneciente a los accionistas comunes; Se calcula dividiendo la ganancia neta del año menos los dividendos a accionistas preferentes (si hubiera) por el promedio ponderado del patrimonio de los accionistas comunes durante el año.

Rendimiento del Patrimonio (Return on Equity) : Un coeficiente que muestra la rentabilidad de la compañía desde el punto de vista de los dueños o accionistas; Se calcula dividiendo la ganancia neta del año fiscal por el promedio anual del patrimonio.

Rendimiento de una Inversión (Yield) : La tasa efectiva de rendimiento de una inversión, la cual normalmente es diferente a la tasa nominal de interés.

Reporte Interino (Interim Report) : Un reporte publicado con fecha diferente a la del último día del periodo fiscal; Por ejemplo: un reporte de una corporación reportando las ventas, el ingreso neto y otros tantos renglones cubriendo un periodo interino (mes o trimestre) o cifras acumuladas hasta la fecha del reporte. Usualmente el reporte contiene una advertencia acerca de un número de contingencias atadas a sus cifras.

Reserva (Reserve) : Una segregación en la cuenta de Superávit-Ganancias Retenidas, temporal o permanente, hecha evidente con la creación de una cuenta subordinada para indicarle a los accionistas y acreedores que una porción de Superávit-Ganancias Retenidas no está disponible para dividendos. Las cuentas de reservas son cuentas subordinadas de la cuenta Superávit-Ganancias Retenidas, así que deben ubicarse en la sección del patrimonio de la sociedad anónima.

Reserva Voluntaria (Voluntary Reserve) : Una porción de Superávit-Ganancias Retenidas hecha no disponible para dividendos por parte de la Junta Directiva para una expansión planeada, o cualquier otro propósito justificable. Las restricciones hechas a la cuenta de Superávit-Ganancias Retenidas para cumplir con una restricción legal, contratos, compromisos con terceras personas, o de pérdidas sostenidas no son reservas voluntarias.

Resumen de Rentas y Gastos (Income Summary) : Nombre de la cuenta temporal que se usa solamente al finalizar el periodo contable para cerrar todas las cuentas de rentas y de gastos. Esta cuenta debe cerrarse también de inmediato contra la cuenta de Superávit-Ganancias Retenidas de una sociedad anónima, o contra la(s) cuenta(s) de capital de una empresa de un solo dueño o de una sociedad de personas.

Retención (Withholding) : La acción de retener una cantidad del salario o pago de un trabajador, o de los intereses, dividendos u otros pagos, para luego ser enviados a las autoridades de impuestos federales y/o estatales de acuerdo con las tablas oficiales de retención.

Retiros – por el Dueño (Owner's Drawings): Nombre de la cuenta que se usa para contabilizar los retiros en efectivo y/u otros activos, hechos por el dueño de un negocio no incorporado para uso personal durante el año fiscal.

Retiros – por un Socio (Partner's Drawings): Nombre de la cuenta que se usa para contabilizar los retiros en efectivo y/u otros activos de una sociedad de personas, hechos por un socio para su uso personal durante el año fiscal.

Retiro de un Socio (Withdrawal of a Partner) : Un socio puede retirarse de una sociedad de personas ya sea por **(1)** salida voluntaria, **(2)** alcanzar la edad de retiro obligatorio, **(3)** ser forzado a salir de la sociedad por los demás socios debido a desacuerdos, o **(4)** muerte. Cuando un socio muere, el pago de su patrimonio es hecho a su herencia con activos de la sociedad de personas. En los otros tres casos, el pago del patrimonio del socio saliente se hace ya sea con : **(a)** activos personales de los socios que continúan, o **(b)** activos de la sociedad de personas. Véase : *Retiro con Pago por Otro(s) Socio(s), y Retiro con Pago con Activos de la Sociedad*; También, *Substitución de un Socio*.

Retiro con Pago por Otro(s) Socio(s) [Withdrawal with Payment from Partners' Personal Assets] : Una transacción personal entre el socio saliente y uno o más socios que continúan con la aprobación de los demás socios no participantes. Se requiere una partida contable para eliminar la cuenta de capital del socio saliente y acreditar las cuentas de capital de los socios existentes envueltos. Esta transacción no cambia el total de activos o el capital total de la sociedad de personas. Cualquiera ganancia o pérdida de capital del socio saliente en la venta de su inversión es personal y no afecta los registros contables de la sociedad de personas.

Retiro con Pago hecho con Activos de la Sociedad (Withdrawal with Payment from Partnership Assets) : Una transacción entre el socio saliente y la sociedad de personas. Se requiere una partida contable para eliminar la cuenta de capital del socio saliente y registrar la disminución de los activos de la sociedad usados para pagarle por su retiro. La diferencia entre la cantidad pagada y el saldo de la cuenta de capital del socio saliente es tratada como un bono (prima) al socio saliente o a los socios que continúan en la sociedad, el (la) cual se usa para ajustar las cuentas de capital de los socios que continúan de acuerdo a sus proporciones de distribución de ganancia/perdida. Esta transacción disminuye tanto los activos totales como el capital total de la sociedad de personas.

Rotación de Activos (Asset Turnover) : Un coeficiente que indica cuan eficientes son los activos de la compañía para generar ventas. La relación, expresada en número de veces, muestra la cantidad de dólares en ventas generados por un dólar invertido en activos en promedio durante el período. Se calcula dividiendo las *ventas netas* por el *promedio de activos totales* de la compañía *durante el año.*

Rotación de Activos Fijos (Fixed Asset Turnover) :

Un coeficiente que indica cuan eficientes son los activos fijos de la compañía para generar ventas. La relación, expresada en número de veces, muestra la cantidad de dólares en ventas generados por un dólar invertido en activos fijos en promedio durante el período. Se calcula dividiendo las *ventas netas del año* por el *promedio de activos fijos totales* de la compañía *durante el año*. Muchas compañías usan el promedio del costo no depreciado de los activos fijos como denominador de la relación.

Rotación de Cuentas Por Cobrar (Receivables Turnover) :

Coeficiente de liquidez de una compañía que indica el número de veces que el saldo promedio de las cuentas por cobrar fue convertido a dinero efectivo durante el período. La relación, expresada en número de veces, se calcula dividiendo las *ventas netas a crédito del año* por el *saldo promedio de cuentas por cobrar de la compañía durante el año*. Un índice de 12 significa que la compañía recibió pago de sus clientes a plazo 12 veces al año en promedio, o una vez por mes o cada 30 días.

Rotación de Inventarios (Inventory Turnover) :

Coeficiente de liquidez de una compañía que dice el número de veces que el promedio del inventario se remplazó durante el periodo. La relación, expresada en número de veces, se calcula dividiendo el *costo de ventas del año* por el *inventario promedio* de la compañía *durante el año*. Un índice de 3 significa que la compañía rotó (remplazó) su inventario tres (3) veces en promedio durante el año, o cada 4 meses, o cada 120 días.

Glosario S

Salvamento (Salvage) : También llamado *valor de salvamento*, es el precio de venta actual o esperado de los activos fijos al terminar su vida útil; o sea cuando estuvieren retirados o totalmente depreciados.

Segunda Hipoteca (Second Mortgage) : Hipoteca firmada sobre propiedad de finca raíz que ya ha sido impedida con una primera hipoteca.

Seguro de Cobertura Global (Blanket Insurance): Un contrato de seguro comprensivo que cubre una clase de propiedad diversificada; los bienes cubiertos pueden fluctuar de vez en cuando siempre que la compañía aseguradora sea notificada.

Seguro de Cumplimiento (Performance Bond) : Un bono (fianza) emitido por una compañía de seguros el cual es requerido en contratos de construcción significativos para cubrir posibles daños pecuniarios sufridos por el dueño de la propiedad que se va a construir o restaurar, resultantes de una ejecución que no concuerda con la pactada, trabajo incompleto o terminación tardía si el contratista de construcción es hallado culpable. La compra del bono de indemnización es un gasto del contratista. La cantidad del bono la determina el dueño de la propiedad.

Seguro de Fidelidad (Fidelity Bond) : Un bono (fianza) emitido por una compañía de seguros para cubrir posibles pérdidas de activos de la compañía (dinero efectivo, mercancía u otras pertenencias) al cuidado de empleados en posiciones de confianza, como: cajeros, gerentes de sucursales, empleados de almacén, etc. Los empleados nuevos son escudriñados por la compañía de seguros y la prima mensual del seguro de fidelidad se calcula en base a las clases de riesgos, número de empleados y cantidades aseguradas por caso por empleado. Este es un gasto operacional de la compañía generalmente requerido por su sistema de control interno.

Seguro de Fidelidad o de Cumplimiento (Bonding) : Cobertura de riesgo de pérdidas de la compañía causadas por: **1.** - deshonestidad de uno o más empleados (*Seguro de Fidelidad)*, o **2.** – incumplimiento de un contratista (*Seguro de Cumplimiento).*

Sistema Contable de Causación (Accrual-Basis Accounting) : Una base o sistema de Contabilidad en el cual los ingresos se reportan cuando se ganan y los gastos se reportan cuando se incurren, en vez de reportarlos en los periodos en que la compañía recibe o paga el dinero en efectivo que corresponde.

Sistema de Acumulación de Costos por Etapas (Process Cost System) : Un sistema de contabilidad de costos que agrupa los costos de los varios procesos en la manufacturación de productos similares por departamento, centro de trabajo o célula de trabajo, y los promedia con el número de unidades producidas en tales procesos u operaciones. El sistema se usa para aquellos productos que se producen en grandes cantidades en forma continuada para los cuales el uso del *sistema de la orden de trabajo* no es apropiado. Véase : *Sistema de Acumulación de Costos por Orden de Trabajo.*

Sistema de Acumulación de Costos por Orden de Trabajo(Job-Order Costing) : Un sistema de contabilidad de costos usado para acumular costos de manufactura de una orden o un lote de productos en una forma llamada *orden de trabajo*. El costo total de un trabajo consiste de los costos actuales de materiales directos y mano de obra directa más costos generales de manufactura aplicados. Véase: *Sistema de Acumulación de Costos por Etapas.*

Sistema de Información Contable (Accounting Information System)

Un sistema capaz de recoger, clasificar, resumir y reportar la información financiera y de las operaciones de un negocio a sus usuarios. El sistema puede ser manual o computarizado. Los sistemas computarizados son o sistemas de confección para pequeños negocios, o sistemas más complejos de diseño especial.

Sistemas de Inventarios (Inventory Systems) :

Los dos sistemas que están disponibles a las compañías para contabilizar los saldos de su inventario de mercancías y el costo de ventas. Ellos son: *El sistema de inventario permanente* y *el sistema de inventario periódico.*

Sistema de Inventario Periódico (Periodic Inventory System) :

Es un sistema de inventario en el cual **no** se mantienen registros detallados de los artículos durante el periodo contable y el *costo de ventas* verdadero sólo se determina al final del periodo contable cuando se toma un inventario físico total para determinar el costo del *inventario final de mercancía* (costo de artículos a la mano de propiedad de la compañía). El *costo de ventas* del año se calcula por medio de un cuadro que contiene un juego de inventarios y compras del periodo. Los inventarios a fin de mes y los costos de ventas mensuales para los meses del uno al once, si se desean, deben estimarse utilizando uno de los dos métodos para estimar inventarios: *El método de la ganancia bruta o el método de precios al detal del inventario.*

Sistema de Inventario Permanente (Perpetual Inventory System) :

El inventario permanente, o *perpetuo*, o *continuo*, es un sistema en el cual los registros individuales de los artículos tanto en cantidades como en dólares son mantenidos durante el periodo contable y mas allá, y los récords individuales que sirven de libro auxiliar muestran el inventario que debe estar a la mano después de cada venta o compra de los artículos del inventario. Las compañías que utilizan este sistema de inventario hacen conteos físicos parciales programados solamente para control interno y ajustar los registros si fuere necesario.

Sistema de la Partida Doble (Double Entry System) :

El sistema de teneduría de libros vigente desde el siglo XVI que se caracteriza por el uso de debito(s) y crédito(s) en la misma magnitud para registrar el efecto dual de cada transacción en las cuentas apropiadas de los libros de contabilidad de la firma.

Sistema Modificado de Recuperación Acelerada del Costo [Modified Accelerated Cost Recovery System (MACRS)]:

El método actual de depreciación acelerada para efectos de impuestos en los EE. UU., aprobado por el Congreso en 1986, con efectividad desde Enero 1, 1987, remplazando el sistema anterior **ACRS** (Sistema de Recuperación Acelerada del Costo) que fue prescrito por el Acta de Recuperación Económica de 1981. Véase: *Depreciación Acelerada*.

Sobornos (Bribes) :

México: Mordida; Perú: Coima. Pagos en dinero efectivo, regalos, o favores otorgados o prometidos para inducir a una persona a cometer actos ilícitos o impropios en contra de su voluntad para el beneficio de la persona u organización que ofrece el otorgamiento.

Sociedad Anónima (Corporation) : Una forma de negocio cuyo capital contable se divide en unidades iguales llamadas acciones que pueden ser adquiridas y transferidas parcial o totalmente por sus dueños. En EE.UU. las sociedades anónimas son constituidas bajo la ley estatal de corporaciones que les concede existencia legal separada, responsabilidad limitada a sus accionistas y vida continuada de la entidad.

Sociedad de Cartera (Holding Company) : Una sociedad anónima que controla a otra(s) compañía(s) sin tener sus propias operaciones industriales o comerciales. Véase : *Casa Matriz.*

Sociedad de Personas (Partnership) : Una asociación comercial de dos o más personas que combinan sus capitales, conocimientos y esfuerzos en un solo negocio para compartir las utilidades o pérdidas dentro de una relación contractual establecida (acuerdo de los socios), ya sea por escrito, oral o implícitamente. Véase : *Escritura de la Sociedad de Personas.*

Sociedad Profesional de Responsabilidad Limitada (SPRL) [Limited Liability Partnership (LLP)] : Un tipo de sociedad de personas que existe en los EE.UU., formada por socios todos profesionales a quienes se les otorga responsabilidad limitada por parte del Departamento de Estado después de cumplir con requisitos de seguro de mala practica que satisfaga sus exigencias para protección de los clientes de la sociedad.

Socio Anónimo (Secret Partner) : Un socio general (responsabilidad ilimitada) cuya contribución de capital se oculta al público, pero que se desempeña activamente en el manejo del negocio.

Socio Comanditario (Silent Partner) : Un socio general (responsabilidad ilimitada) quien posee parte del capital de la sociedad de personas sin tomar parte activa en el manejo del negocio.

Socio General (General Partner) : Un socio con derecho a participar en el manejo de la sociedad de personas y que tiene responsabilidad ilimitada por las deudas de la firma.

Sociedad Limitada (Limited Partnership) : La sociedad limitada en los EE.UU. es una sociedad de personas de naturaleza colectiva que consta de por lo menos un socio general (responsabilidad ilimitada) y de por lo menos un socio con responsabilidad limitada. El propósito de este tipo de sociedad es conseguir muchos inversionistas con responsabilidad limitada para incrementar el capital.

Socio Limitado (Limited Partner) : Un socio sin derecho a participar en el manejo de la sociedad de personas, pero a cambio tiene responsabilidad limitada por las deudas de la firma. El riesgo del socio limitado esta limitado a su saldo personal en el capital de la sociedad de personas.

Solvencia (Solvency) : La condición económica comercial que pone a una compañía en posición de poder sobrevivir por un periodo de tiempo largo, garantizando así su capacidad de hacer frente a todas sus obligaciones presentes y en años futuros.

Substitución de un Socio (Partner's Substitution) : Una transacción personal entre el socio saliente y un nuevo socio que le remplaza con la aprobación de los demás socios que continúan. Se requiere una partida contable para eliminar la cuenta de capital del socio saliente y crear la cuenta de capital del socio que le remplaza. Esta transacción no cambia el total de activos o el capital total de la sociedad de personas. Cualquiera ganancia o pérdida de capital del socio saliente en la venta de su inversión es personal y no afecta los registros contables de la sociedad de personas.

Sucursal (Branch) : Un establecimiento de cualquier clase o tipo que pertenece a otro negocio (la casa principal). La sucursal esta situada aparte de la casa principal, pero usa tanto el nombre como el número de identificación de empleador (EIN por sus siglas en ingles) de la casa principal. Las operaciones de la sucursal se le confían al gerente de la sucursal. Los récords contables de la sucursal se mantienen ya sea en la casa principal o en la sucursal a opción de la casa principal. La integración de los récords contables de la casa principal con los de la sucursal se lleva a cabo con cuentas de control o cuentas recíprocas. Véase : *Compañía Subsidiaria (Afiliada).*

Superávit Donado (Donated Surplus) : Una cuenta de *Superávit de Capital* usada para registrar el crédito al patrimonio de la sociedad anónima al registrar activos que le han sido donados.

Superávit-Ganancias Retenidas (Retained Earnings) : Nombre de una de las cuentas del patrimonio de una sociedad anónima usada para acumular las ganancias de la sociedad anónima y de la cual se declaran y pagan los dividendos a los accionistas y se apropian partidas para propósitos específicos.

Superávit-Ganancias Retenidas Restringidas (Restricted Retained Earnings) : Superávit-Ganancias Retenidas con restricciones en cuanto a la distribución de dividendos a sus accionistas. Tales restricciones, incluyendo una por el costo de Acciones Propias Readquiridas, son legales, contractuales, o voluntarias. Las restricciones legales y contractuales se revelan en las notas al pie de los estados financieros. Las restricciones voluntarias quedan evidenciadas por la creación de cuentas subordinadas a la cuenta de Superávit-Ganancias Retenidas (cuentas de reserva). Véase : *Reserva.*

Glosario T

Tarjeta de Puntajes Balanceada (Balanced Scorecard):
Un método usado por la gerencia de la empresa que da más importancia a la satisfacción del cliente y a las oportunidades de reducción de costos que al acatamiento a los presupuestos aprobados. Se usan medidas tanto financieras como no financieras que están atadas a los objetivos de la empresa para así evaluar sus operaciones tanto en áreas especificas como de manera integrada.

Tasa de Gastos Generales Indirectos (Overhead Rate):
La tasa estándar que se emplea para distribuir o aplicar los gastos generales indirectos de manufactura. Véase : *Tasa predetermina de Gastos Generales Indirectos.*

Tasa de Interés Contractual (Contractual Interest Rate): La tasa de interés impresa en el certificado de bono, usada para calcular el monto del interés periódico que debe pagar la compañía emisora de los bonos a los tenedores de los bonos durante la vida de los bonos.

Tasa de Interés del Mercado (Market Interest Rate):
La tasa de interés prevaleciente en el mercado de bonos comerciales, o sea, la tasa que los inversionistas demandan de los emisores de los bonos para prestarles los fondos que estos procuran.

Tasa de Interés Efectiva (Effective Interest Rate): La tasa de interés fija que se aplica al saldo actual de una cuenta por cobrar o de un pasivo, resultando en una cantidad de amortización y de interés que varia en cada periodo. Véase: *Amortización en Línea Recta.*

Tasa de Rendimiento (Rate of Return): El porcentaje de rentabilidad de la inversión, igual al coeficiente de la ganancia neta anual dividida por el valor bruto promedio de la inversión.

Tasa Predeterminada de Gastos Indirectos (Predetermined Overhead Rate) : La cantidad unitaria usada como factor para multiplicar por la actividad operativa escogida para obtener los **gastos indirectos de manufactura (aplicados)** a ser cargados a la cuenta de **Inventario de Trabajo en Proceso.** Tal tasa ha sido calculada dividiendo los de gastos indirectos anuales estimados (presupuestados) entre la actividad operativa esperada (presupuestada).

Tasa Preferencial (Prime Rate) : La tasa de interés ofrecida por los bancos comerciales para préstamos a sus clientes preferidos.

Tenedor de Libros (Bookkeeper) : Persona encargada de registrar los eventos económicos de una entidad en los registros contables bajo la supervisión de un(a) contador(a).

Teneduría de Libros (Bookkeeping) : Oficio del tenedor de libros de una entidad, usando el sistema de partida doble. Véase : *Tenedor de Libros.*

Terrenos (Land) : La inversión en propiedad finca raíz con la intención de usarla en las operaciones del negocio. Incluye todos los costos necesarios pagados por el comprador, como: costos de limpieza y nivelación, demolición de construcción vieja, etc. También incluye mejoras al terreno pagadas por el vendedor antes de que el/ella vendiese la propiedad de finca raíz, pero no incluye edificios u otros activos de vida perecedera.

Tipo de Negocio (Type of Business) : Los negocios se clasifican por la denominación más simple de sus actividades, llamada *tipo,* independientemente de su *forma y clase*, por ejemplo: Comerciantes dueños únicos de negocios pueden estar dedicados a operar uno de los

siguientes tipos de negocios: tiendas de abarrotes, floristería, pizzería, almacén de variedades, etc. Sociedades de personas clasificadas como compañías de servicio pueden estar dedicadas a los siguientes tipos de negocios: Firma legal, firma de Contabilidad e Impuestos, Oficina Médica, Salón de Belleza, Servicios de Tutoría, etc. Corporaciones que son compañías manufactureras pueden estar dedicadas a uno de los siguientes tipos de negocios: Fabrica de aviones, fabrica de muebles, publicador de libros, fabrica de abrigos, etc. Véase: *Forma de un Negocio y Clase de Negocio.*

Titulo de Bonos (Bond Certifícate) : Documento legal que tiene la forma de un pagaré con intereses, expedido al dueño de los bonos por la compañía deudora. Contiene el nombre de la entidad que los expide más la información básica de los términos del préstamo, como: el valor nominal, la tasa de interés contractual y la fecha de madurez de los bonos. Véase : *Contrato de Fideicomiso.*

Trabajo en Proceso (Work-In-Process) : También conocido como *trabajo en progreso* y como *productos en proceso* es el inventario de productos parcialmente terminados de una operación manufacturera. El valor del inventario es igual a la suma de los costos de los materiales directos, la mano de obra directa y los gastos indirectos de manufactura aplicados que han sido acumulados hasta la fecha del reporte.

Transacciones (Transactions) : Los acontecimientos económicos o las condiciones de un negocio que son reconocidos por medio de entradas de diario hechas ya sea manual o electrónicamente por el departamento de contabilidad en los libros de entrada primaria, haciendo uso del sistema de partida doble. La mayoría de las transacciones comerciales son externas, pero algunas se llevan a cabo dentro de la compañía, por ejemplo : el reconocimiento de depreciación, el registro de materiales tomados del inventario, etc.

Transacción Anulativa (Wash Transaction) :

Transacción que tiene el propósito de revertir o compensar otra transacción poco tiempo después de su ocurrencia, por ejemplo: ventas cruzadas de acciones entre dos personas con el propósito de eliminar una ganancia en una transacción de valores comerciales. Para conocer las reglas sobre el rechazo de las deducciones por pérdidas resultantes de ventas anulativas, véase la Sec. *1091 del Código del Servicio de Rentas Internas (de EE.UU.).*

Transacciones entre Partes Relacionadas (Related Party Transactions) : Transacciones entre la entidad en

cuestión y personas o entidades a quien la gerencia quiere dar tratamiento especial (parientes, subsidiarias, fondos de fideicomiso) aun en detrimento del beneficio económico de la entidad, motivadas principalmente por el deseo de fortalecer una relación, por ejemplo: venta de propiedad finca raíz a un precio considerablemente menor al de su avalúo; prestar dinero sin cargar intereses o a una tasa de interés menor que las tasas de interés corrientes. Para conocer las reglas sobre el gravamen tributario a las ganancias resultantes de transacciones entre partes relacionadas, véase la Sec. *1239 del Código del Servicio de Rentas Internas (de EE.UU.).*

Glosario U

Ultimas en Entrar-Primeras en Salir (UEPS)[Last In-First Out(LIFO)] : Un método de asignación de costos que supone que las unidades de inventario que se venden son aquellas que fueron adquiridas más recientemente, así que ellas deben ser las que se cargan a *Costo de Ventas* y que *el inventario final* se contabiliza usando los precios de compra de la *mercancía mas vieja*.

Unidades Físicas (Physical Units) : El número de unidades que entran o salen del proceso a ser contabilizadas durante el periodo en un sistema de costos por procesos, sin tomar en cuenta el trabajo ejecutado en las unidades de trabajo en proceso. Las unidades que entran al proceso son la suma de las unidades del inventario inicial de trabajo en proceso más las nuevas unidades que se incorporan. Las unidades que salen del proceso son la suma de las unidades terminadas más las unidades del inventario final de trabajo en proceso.

Unificación de Intereses (Pooling of Interests) : Un método de contabilidad para fusiones y adquisiciones con el cual los balances generales (activos, pasivos y patrimonio) de las dos compañías que se combinaban eran sumados y entremezclados en una organización nueva o modificada a la fecha de combinación. Ellos quedaban sustancialmente inalterados. *No* se creaba *goodwill*. Este método, totalmente descontinuado el 15 de Diciembre del 2009, era preferido al *método de compra* porque las ganancias reportadas eran más altas bajo el *método de unificación de intereses*. Véase : *Método de Compra.*

Utilidad (Income) : También llamada *ganancia neta* es el remanente del ingreso después de restar todos los gastos del periodo. Véase : ***Ganancia neta.***

Utilidades Pro-forma (Pro-forma Income) : Ganancia neta del periodo que ha sido ajustada a discreción de la compañía, excluyendo del estado de perdidas y ganancias aquellas partidas de gastos que la gerencia considera que no son usuales o recurrentes. El propósito de estos ajustes es mejorar el resultado final para atraer inversionistas y acreedores.

Glosario V

Valor Actual de Bonos por Pagar (Carrying Value of Bonds Payable) : Es la suma algebraica del saldo de la cuenta de Bonos por Pagar más o menos el saldo de su cuenta de valoración correspondiente. Tanto el saldo de la cuenta principal como el saldo de la cuenta de valoración (*Descuento de Bonos por Pagar* o *Prima de Bonos por Pagar*) deben aparecer en el balance general. Véase : *Valor de Libros*

Valores Comerciales (Securities) : Títulos transferibles, especialmente certificados de acciones y bonos, emitidos por corporaciones que buscan financiamiento. Ellos muestran evidencia de la posesión de acciones de sociedades anónimas o de las cantidades prestadas (bonos); o de la inversión en cualquier otro certificado transado en una bolsa de valores establecida.

Valores Comerciales–Acciones (Equity Securities) : Certificados de acciones transferibles emitidos por sociedades anónimas que buscan financiamiento. Ellos muestran evidencia de la inversión en el patrimonio de la compañía emisora. Véase : *Valores Comerciales - Deuda.*

Valores Comerciales–Deuda (Debt Securities) : Certificados de bonos transferibles emitidos por sociedades anónimas que buscan financiamiento. Ellos muestran evidencia de la inversión en obligaciones de la compañía emisora. Véase : *Valores Comerciales-Acciones.*

Valores Comerciales Retenidos hasta su Madurez (Held-to-Maturity Securities) : Inversiones en bonos u otros titules de deuda clasificados como inversiones a largo plazo ya que el inversionista les ha comprado con la intención de retenerlos hasta su fecha de madurez. Las inversiones a largo plazo son hechas por compañías que no experimentan problemas de liquidez.

Valores de Inmediata Disponibilidad (Marketable Securities): Inversiones en valores comerciales (bonos y acciones) a corto plazo que tienen disponibilidad inmediata y que han sido adquiridos para contar con una fuente de liquidez dentro de un año o dentro del ciclo de operaciones, el que fuere mas largo.

Valores de Inversiones a Largo Plazo (Long Term Investments in Securities): Inversiones a largo plazo en valores comerciales (bonos y acciones) en los que la gerencia no tiene la intención de darles disponibilidad inmediata ya que han sido adquiridos para recibir ingresos periódicos durante el tiempo que dure la inversión que se espera ser mayor de un año o que el ciclo de operaciones, el que fuere mas largo.

Valor de Libros (Book Value): La cantidad neta entre un activo corriente o un activo fijo y el saldo de su cuenta de valoración correspondiente, o de una cuenta de pasivo menos o más el saldo de su cuenta de valoración. Tanto el saldo del activo corriente o el activo fijo a su costo de adquisición o la cuenta de pasivo y el de su(s) cuenta(s) de valoración deben aparecer en el balance general. Véase: *Valor Actual de Bonos por Pagar.*

Valor de los Factores Comerciales Favorables (Goodwill): Un activo intangible compuesto de varias cualidades o situaciones especiales favorables que le pertenecen a un negocio y que se presume son la causa de la generación de ganancias superiores dentro de la industria o ambiente en que tal negocio se desenvuelve. Los componentes de este activo intangible son difíciles de valorar, pero tienen un valor de mercado en conjunto que hay que pagar cuando se compran los activos tangibles netos del negocio. Ejemplos de tales cualidades o situaciones especiales favorables son : *localización deseada, administración competente, empleados diestros y amables, calidad y precio acorde del producto o servicio.* Los derechos legales otorgados al negocio no hacen parte de los factores comerciales favorables (goodwill), por ejemplo: patentes, marcas registradas, etc.

Valores Disponibles para la Venta (Available for Sale Securities) :

Una inversión temporánea en valores comerciales de otras compañías que la gerencia espera revenderlos en el futuro, aunque no se esté contando con ganancias en sus ventas. A menos que la intención de la gerencia fuese de retenerlos como inversiones a largo plazo, estos valores deben registrase al costo en una cuenta de activos corrientes, *Valores de Inmediata Disponibilidad.* Véase: *Valores Mercantiles y Valores Poseídos hasta su Vencimiento.*

Valor en la Fecha de Madurez (Maturity Value) :

La cantidad que un deudor debe pagar al acreedor en la fecha de vencimiento del pagaré o la fecha de madurez del bono. El firmante de un pagaré debe pagar a su tenedor la suma del principal más el interés; una compañía emisora de bonos debe pagar al tenedor de bonos solamente el principal (valor nominal).

Valor Establecido (Stated Value) :

También llamado *capital establecido por acción*, es el valor discrecional asignado por la junta directiva de la sociedad anónima a las acciones comunes sin valor nominal en aquellos estados en que es permitido para así establecer la cantidad de **capital legal** por acción. La comunicación del valor establecido al Departamento de Estado debe hacerse dentro el tiempo permitido después de la autorización de las acciones nuevas.

Valores Mercantiles (Trading Securities) : Valores comerciales de otras compañías comprados con el propósito principal de venderlos dentro de pocos días, esperando obtener ganancias en diferencias de precio a corto plazo. Los valores comerciales no vendidos se ajustan al precio cotizado en el mercado al cierre de cada periodo.

Valor Neto en Libros (Net Book Value) : La diferencia entre el saldo bruto de una cuenta de activo o de pasivo y su cuenta de valoración. Estos son ejemplos : Equipos y Depreciación Acumulada – Equipos; Bonos por Pagar y Descuento sobre Bonos por Pagar.

Valor Nominal (Face Value or Par Value) : La suma principal de un bono, otro valor comercial de deuda, pagaré o hipoteca, la cual deberá ser pagada en la fecha de madurez por la compañía emisora de los bonos o por el firmante de la obligación.

Valor Normal (Fair Value) : En la ausencia de ventas o cotizaciones, el valor presente de mercado (VPM) de un titulo de valores comerciales de deuda es la suma por la cual podría ser vendido en un mercado normal. Ello es, el valor a que se llegaría en una negociación de buena fe.

Valores Poseídos hasta su Vencimiento (Held-to-Maturity Securities) : Inversiones en valores de deuda clasificados como inversiones a largo plazo ya que fueron adquiridos por la compañía inversionista con la intención de retenerlos hasta su fecha de madurez. Las inversiones a largo plazo son hechas por compañías que no experimentan problemas de liquidez.

Valor Presente (Present Value): El total calculado que representa el *valor en el momento actual* de las sumas a recibir en el futuro por una inversión teniendo en cuenta el valor del tiempo de uso del dinero. Para su cálculo es necesario conocer *el tiempo* y la *tasa de interés* de la transacción. El valor presente (valor *de mercado*) de un bono comercial es igual a la suma del *valor presente del capital* a recibir en la fecha de vencimiento *más* el *valor presente de los intereses* a recibir periódicamente durante el término del contrato de los bonos.

Valor Presente del Principal (Present Value of the Principal): Es el *valor en el momento* de una inversión en bonos que se recibirá en la fecha de vencimiento. Para calcularlo o para encontrarlo en una tabla de Valor Presente de 1 es necesario conocer *el tiempo* y la *tasa de interés* de la transacción.

Valor Presente de los Intereses (Present Value of Interest): El *valor presente* de la suma de *los intereses* a recibir periódicamente durante el término del contrato de los bonos. Para calcularlo o para encontrarlo en una tabla de Valor Presente de una Anualidad de 1 es necesario conocer *el tiempo* y la *tasa de interés* de la transacción.

Valuación de Inventarios (Inventory Valuation): La determinación del costo del inventario de materia prima, productos en proceso, productos terminados, inventario de mercancías, y provisiones, por medio del uso de uno de los tres métodos de costear inventarios (FIFO, LIFO, costo promedio), o la base de identificación especifica, o la base MCM. La base de identificación específica se usa solamente para la valuación del inventario de un negocio con un número pequeño de artículos en inventario.

Variación Atribuida a la Cantidad (Quantity Variance) :
Una variación en costos (favorable o desfavorable) causada por la sub./sobre utilización de materia prima y/o mano de obra directa en la producción de bienes con respecto a los estándares para el nivel de actividad del periodo analizado. La responsabilidad por el cálculo de los estándares de uso de materia prima y mano de obra directa reposa con los gerentes de producción. La variación atribuida a la cantidad también se conoce como *variación atribuida al uso* o *variación atribuida al volumen.*

Variación Atribuida a la Eficiencia (Efficiency Variance) :
La variación en el costo resultante de factores diferentes al cambio de precio de los costos directos de materiales o mano de obra. La responsabilidad por la eficiencia de las operaciones se les asigna a los gerentes de producción.

Variación Atribuida al Precio (Price Variance) :
La variación en el costo asociada con la diferencia entre el precio estándar y el pagado por los componentes primos del producto (materiales directos y mano de obra directa). La responsabilidad por la variación en precio de los materiales se les asigna a los gerentes de compra. La variación en precio de la mano de obra directa se debe usualmente a salarios más altos en nuevos contratos laborales después de que los presupuestos habían sido preparados.

Variación Atribuida al Precio de los Materiales (Material Price Variance) :
La variación en el costo asociada con la diferencia entre el precio estándar y

el pagado por los materiales directos. La responsabilidad por la variación en precio de los materiales se les asigna a los gerentes de compra.

Variación Atribuida al Costo Unitario de la Mano de Obra (Labor Rate Variance) : La variación en el costo asociada con la diferencia entre el costo unitario estándar y el pagado por la mano de obra directa. La responsabilidad por la variación en el costo unitario de la mano de obra directa se le asigna al equipo de presupuestos encargado de elaborar los costos unitarios estándares de mano de obra, pero se debe usualmente a salarios más altos en nuevos contratos laborales después de que los presupuestos habían sido preparados

Variación Atribuida al Uso de la Mano de Obra Directa (Labor Quantity Variance) : La variación en el costo asociada con la diferencia entre la cantidad estándar y la cantidad usada de mano de obra directa. La responsabilidad por la variación en el uso de mano de obra directa se les asigna a los gerentes de producción.

Variación Atribuida al Uso de los Materiales (Material Quantity Variance) : La variación en el costo asociada con la diferencia entre la cantidad estándar y la cantidad usada de materiales directos. La responsabilidad por la variación en la cantidad de materiales se les asigna a los gerentes de producción.

Variación Atribuida al Uso (Usage Variance) : Véase: *Variación atribuida a la cantidad.*

Variación Atribuida al Volumen (Volume Variance) : Una variación en costos generales de manufactura fijos del periodo que resulta cuando el volumen actual de producción es diferente al nivel presupuestado para el cómputo de la tasa fija predeterminada para aplicar los costos generales de manufactura al producto. La variación (generalmente desfavorable) se debe a la subutilización de la capacidad disponible o a una utilización ineficiente, afectando así el costo unitario estándar de gastos generales fijos. Véase : *Variación atribuida a la cantidad.*

Variación Desfavorable (Unfavorable Variance) : El exceso de la cantidad actual sobre la cantidad estándar del precio pagado por o cantidad utilizada de componentes del producto (materiales directos, mano de obra directa y gastos indirectos de manufactura).

Variación Favorable (Favorable Variance) : El exceso de la cantidad estándar sobre la cantidad actual del precio pagado por o la cantidad utilizada de componentes del producto (materiales directos, mano de obra directa y gastos indirectos de manufactura).

Venta al Descubierto (Short Sale) : Venta de productos o de acciones para entrega futura ya que ellos(as) no están en posesión del vendedor o disponibles para la venta en el momento de la venta. El vendedor entra en la transacción esperando sacar provecho de una caída de precio en el futuro de la propiedad que está siendo prometida a ser entregada a un precio determinado en una fecha futura.

Venta Corta (Short Sale) : Venta de una propiedad de finca raíz por un dueño que está por "debajo del agua" (valor de mercado de la propiedad por debajo de la deuda hipotecaria) por un precio inferior al monto del saldo del préstamo hipotecario con la aprobación del prestamista quien prefiere permitir una venta corta que hacer efectivo su derecho en el contrato de préstamo que le permite ejecutar la hipoteca. La suma perdonada de la deuda hipotecaria por concepto de una venta corta pudiera resultar en ingreso gravable. Refiérase a la Sección 108 (a) del Código del Servicio de Rentas Internas (IRS por sus siglas en inglés).

Venta de Cuentas por Cobrar (Factoring Receivables) : La venta de cuentas por cobrar de una compañía a un comisionista de cuentas por cobrar, el cual se convierte en dueño de las cuentas. Cuando otra forma de financiación más económica no es factible, las compañías que carecen de liquidez se ven forzadas a vender sus cuentas por cobrar buenas y pasarles las malas a una compañía de cobranzas. Véase : *Comisionista o Agente de Cuentas por Cobrar.*

Ventas Netas (Net Sales) : Ventas menos devoluciones y rebajas de precios, menos descuentos de ventas. Véase : *Descuentos de Ventas.*

Venta-y-Retro-arriendo (Sale-and-Leaseback) : Una transacción en la cual el vendedor vende su propiedad e inmediatamente toma en arriendo la misma propiedad del comprador.

Volando la Cometa (Kiting) : El plan sistemático de algunos empleados deshonestos quienes solían girar y cambiar un cheque de una de las cuentas bancarias de la compañía para usar el dinero personalmente, cubriéndolo con el depósito de otro cheque de otra cuenta bancaria el cual también era cubierto con otro cheque de otra cuenta bancaria; el proceso podía continuar indefinidamente entre varios bancos. Un mínimo de tres bancos diferentes eran necesarios para aquellos empleados que volaban la cometa. El plan también podía ser perpetrado por personas que residían en dos ciudades diferentes y quienes podían cambiarse entre si cheques sin fondos corrientes, gozando de un "préstamo" sin intereses por unos días. El "préstamo" no autorizado de dinero era posible por la tardanza de los bancos para aclarar cheques antes de que se implementara la presente tecnología bancaria.

Glosario W-X-Y-Z

<u>En Blanco (Blank)</u>

www.ingramcontent.com/pod-product-compliance
Lightning Source LLC
Chambersburg PA
CBHW060342200326
41519CB00011BA/2017